职业院校创新型师资队伍发展路径研究

董彦霞　李晓雪　李昀轩　著

哈尔滨出版社

HARBIN PUBLISHING HOUSE

图书在版编目（CIP）数据

职业院校创新型师资队伍发展路径研究／董彦霞，李晓雪，李昀轩著. -- 哈尔滨：哈尔滨出版社，2024.9. -- ISBN 978-7-5484-8174-4

Ⅰ. G715

中国国家版本馆 CIP 数据核字第 2024MC9523 号

书　　名：职业院校创新型师资队伍发展路径研究
ZHIYE YUANXIAO CHUANGXINXING SHIZI DUIWU FAZHAN LUJING YANJIU

作　　者：董彦霞　李晓雪　李昀轩　著
责任编辑：李　欣
封面设计：赵庆旸

出版发行：哈尔滨出版社（Harbin Publishing House）
社　　址：哈尔滨市香坊区泰山路 82 - 9 号　　邮编：150090
经　　销：全国新华书店
印　　刷：北京鑫益晖印刷有限公司
网　　址：www. hrbcbs. com
E - mail：hrbcbs@yeah. net
编辑版权热线：（0451）87900271　87900272
销售热线：（0451）87900202　87900203

开　　本：787mm×1092mm　1/16　印张：10　字数：196 千字
版　　次：2024 年 9 月第 1 版
印　　次：2024 年 9 月第 1 次印刷
书　　号：ISBN 978-7-5484-8174-4
定　　价：48. 00 元

凡购本社图书发现印装错误，请与本社印制部联系调换。
服务热线：（0451）87900279

前　言

职业院校是现代国家培养合格公民和社会建设者的主要机构。职业院校的教师是职业院校人才培养工作的主要承担者，是国家技术技能人才队伍建设的战略性资源。如何建设好职业院校教师队伍，是各国都高度重视和不断探索的重要课题。师资是职业院校最重要的资源之一，是职业院校核心竞争力的基础，是职业院校实现人才培养、科学研究和社会服务三大功能的主体力量。师资队伍建设是职业院校重要的基本建设。面对社会对人才培养要求的不断提高及职业院校自身发展的需要，主动适应经济、科技和社会发展对人才的需要，加强创新型师资队伍建设，是职业院校当前的首要任务。

创新型师资队伍是职业院校师资队伍建设的一种价值取向和工作目标。创新型师资队伍应该是教师个体思想业务素质好、知识水平高、创新能力强、整体结构优化，既能进行自身知识创新，又能培养具有创新能力的人才的教师队伍。素质优良、结构合理的职业院校师资队伍，必然会充满活力且富有创新精神和能力。

本书从职业院校教师发展的实际需求出发，首先对职业院校教师发展的基础理论和思想等进行了论述，然后对职业院校教师发展的相关内容进行了深入讨论，具体包括教师文化素养与师资队伍建设、职业院校教师教学技能、职业院校教师话语亲和力的提升、创新型教师的成长与发展等内容，并对多元视角下职业院校青年教师发展提升做了探讨。全书力求概念准确、层次清楚、语言简明、详略得当、重点突出，实用性强。希望本书能够为从事相关行业的读者提供参考和借鉴。在写作过程中，由于时间与精力有限，书中难免存在不足之处，恳请各位专家和读者，能够提出宝贵意见，以便进一步改正，使之更加完善。

目　录

第一章

职业院校教师发展概述

第一节　职业院校教师发展的基础理论

一、现代教育学理论：教师专业的成长与建构

教师专业发展是一个综合性的概念，它涵盖了教师从预备阶段到职业生涯各个阶段的成长与提升。这一过程不仅涉及个人心理层面的成长，如自我效能感、动机、态度和价值观的塑造，还涉及教育实践中的技能习得、知识深化及与同行的协作。

从心理学角度来看，教师专业发展意味着个体通过反思实践、参与研究和持续学习，形成更成熟的专业身份，增强解决问题的能力，提高教育效果。这通常伴随着自我效能的提升，即教师对自己教学能力的信心增强，以及对教育理念和方法的深入理解。

从教育学角度来看，教师专业发展强调了持续教育的重要性，包括正式的培训项目、研讨会、工作坊，以及非正式的学习机会，如同伴观察、合作研究和在线学习。这些活动旨在促进教师的教学技能、学科知识、评估技巧和课堂管理能力提升，同时鼓励创新和批判性思维。

教师专业发展的核心目标是实现终身学习，确保教师能够适应教育环境的变化，满足学生不断变化的需求。它强调教师不仅仅是知识的传递者，更是学习的促进者和引导者，需要具备跨学科的知识整合能力、技术应用能力和多元文化理解力。

（一）教师的职业与地位

在现代教育体系中，教师的角色经历了深刻的转变，这一转变与师范教育的兴起密切相关。师范教育的出现，标志着教师开始从一种技艺传授的角色转向拥有专业化、学术化的职业身份。随着全球教育标准的提升，教师不仅被视为知识的传播者，更是学习过程的设计师和学生潜能的激发者，承载着社会对教育质量日益增长的美好期待。

为了胜任这一多维度的角色，教师必须经历系统的专业培训，培训内容涵盖教育理论、教学方法、学生心理、课程设计等广泛领域。此外，教师的人格特质、情感智力及对教育事业的热忱同样重要，它们构成了教师专业形象的核心要素。在全球范围内，虽然各国在教师教育的侧重点和发展程度上存在差异，但普遍趋势是加强教师的专业化训练，提升其教育效能和职业尊严。

教师专业化运动旨在确立教师作为专家的地位，确保他们具备持续学习和自我提升的动力与能力。这不仅包括学术资格的认证，也涵盖了持续专业发展机制的建立，其使教师能够跟上教育领域的最新进展步伐，适应教育技术和教学策略的革新。各国正积极重塑教师教育体系，从传统的师范学院模式转向更为灵活、注重实践和研究结合的教师培养路径。

教师职业的演进是一个动态过程，其核心在于构建一种支持性、激励性的环境，让教师能够在其职业生涯中不断成长，达到职业成熟度和个人成就感的平衡。随着教育全球化和数字化的趋势增强，未来的教师将需要具备跨文化交际能力、技术熟练度及创新思维，以应对日益复杂多变的教育挑战。教师职业的发展正向着更高层次的专业化方向迈进，我们旨在打造一支高素质、高适应性和高影响力的教育工作者队伍。

现代教育学理论认为，教师的劳动具有以下几个特点：

1. 示范性

教师不仅是知识的传递者，而且他们的个人品质与行为模式本身就是一种强有力的教育工具，对学生的成长有着深远而微妙的影响。教师的言行举止、敬业精神、人际交往能力及对待工作的态度，无时无刻不在塑造着学生的认知框架和社会化过程。这种非正式的学习过程，被称作"模范效应"，它能够潜移默化地引导学生形成正确的价值观、道德观及工作伦理。

在日常的教学活动中，教师展示批判性思考、创新解决问题的能力及对学科的热情，可以激发学生的好奇心和求知欲。教师的耐心、尊重和平等对待每一位学生的态度，有助于营造一种包容和支持的学习环境，促进学生的自信与社交技能的发展。此外，教师如何处理冲突、面对挑战，以及他们展现的自我反思和持续学习的习惯，都能成为学生模仿的对象，促使学生在遇到困难时采取积极的态度和适当的方法。

2. 创造性和灵活性

在各行各业中，创造性都是推动进步的核心力量，而在教育领域，这一特性尤为显著且独具特色。教师不仅传授知识，更需要具有高度的创造性和适应性。这是因为每位学生都是独一无二的个体，拥有不同的背景、兴趣、能力和学习风格。因此，教育无法像工业生产那样遵循一成不变的标准流程。

教师必须具备敏锐的洞察力和灵活的思维，以便针对每个学生的独特需求制定个性化的教学策略。这要求教师在设计课程、选择教学方法和评估学生表现时，都要融入创新元素，不断调整和优化教学方案。例如，对于视觉型学习者，教师可能会采用图表和视频的方式来使其增强理解；而对于听觉型学习者，教师则可能更多地要利用讨论和讲座的方式。同时，教师还需要根据学生的反馈和课堂互动中的观察，适时调整教学节奏和深度，确保所有学生都能跟上进度并获得挑战的机会。

此外，教师的创造性还体现在解决突发问题、应对课堂动态变化和促进学生批判性思维与创新能力的培养上。教师需要设计富有启发性的活动，鼓励学生探索未知、提出假设、分析数据和综合信息，从而培养学生的问题解决能力和独立思考能力。

3. 具有复杂脑力劳动的特点

教师所面对的是一群充满活力、思想各异、情感丰富的个体——学生，这决定了教师的工作远比其他行业错综复杂。为了有效引导和激发学生的学习潜能，教师必须具备深厚的专业知识、精湛的教学技巧和敏锐的洞察力。不同于一般的职业，教师的角色如同医生和律师般，需经过系统的专业培训，持续学习，以精通教育学的原理和实践，这充分体现了教师职业的专业化特征。

特别是在职业教育领域，教师不仅要精通特定领域的专业知识，还要深入理解教育科学，掌握有效的教学法。现代教育强调的不仅是知识的传递，更是学生能力的全面发展，包括自主学习、创新思维和实践操作等多维度能力的培养。因此，缺乏先进的教育理念和方法的教师，将难以引领学生迈向更高层次的成长，因为先进的教育理念和方法是推动职业院校教师专业发展的关键动因。

从建构主义视角来看，教师的专业发展被视为一个主动构建个人知识体系、实现自我成长的过程。在这个过程中，教师通过吸收新知并使其与旧有经验交互作用，不断丰富、更新和重塑自己的知识框架。教师需具备研究意识，积极挖掘个人潜能，自主设定职业目标，精心规划成长路径，采取自我监督、评价与反思等策略，以自我调控的方式驱动个人在教育实践中的进步。这种主动建构的机制是教师专业发展的基石，确保了教师作为终身学习者，在专业道路上稳步前行。

教师的专业发展并非依靠外部强加的培训或被动遵守的规章制度，它是一个内在驱动的自我完善过程。教师作为主动学习的主体，在职业生涯中持续构建和优化个人知识架构，这是实现专业成长的关键。因此，教师的专业发展实质上是自我驱动的、持续的知识建构之旅，这要求教师始终保持对自我提升的热情与追求，不断拓宽专业视野，深化教育实践，最终实现个人与职业的双重升华。

（二）教师的组织承诺与职业承诺

职业院校的教师不仅承载着机构赋予的责任，同时也背负着对教育事业的深切承诺。作为教育工作者，他们的双重承诺——对所属组织的忠诚与对教育职业的热爱，构成了教育质量和教师队伍稳定性的基石。教师的专业性和敬业精神直接影响着学生的技术技能和职业素养，进而关系到学校的声誉和教育成果。

组织承诺是教育系统中至关重要的心理纽带，它连接着教师与学校，深刻影响着教育效果和教师的留任率。当教师对学校抱有高度的归属感和认同感时，他们更可能展现出卓越的工作表现和团队协作精神，从而提高教育质量和学生满意度。相反，低水平的组织承诺可能导致频繁的人员流动，给教育连续性和学生学习造成不利影响。

职业承诺则体现了教师对其所从事教育事业的情感深度和道德责任感。它涵盖了教师对职业的个人认同、情感联结及对职业规范的遵守。高职业承诺的教师通常表现出强烈的使命感，愿意投入更多精力去提升教学质量，即使面临挑战也不轻易放弃。职业承诺的三个维度——情感、持续和规范承诺，共同塑造了教师对待教育事业的态度和行为模式。

学者普遍认为，高水平的组织承诺和职业承诺是教师高效能和职业满足感的关键驱动力。这样的教师更可能展现出积极的工作态度，对学校和自身职业抱有自豪感，且离职意愿较低。然而，现实中的教师承诺往往受到诸如薪酬待遇、社会地位等因素的影响，尤其是当前我国教师职业的吸引力不足，这无疑对教师承诺和专业发展构成了挑战。

鉴于此，学校作为学习型组织，应当重视教师的终身学习与专业成长。通过提供持续的培训、职业发展机会和正面激励措施，学校能够激发教师的内在动力，促进其专业技能的不断提升。在此过程中，强化教师的组织承诺和职业承诺至关重要，这不仅关乎教师个人的职业成就，也是学校整体教育质量提升的基石。随着教师专业发展理论的深化，教师承诺将成为推动教育改革和教师个体成长的关键要素，为构建高质量的教育体系注入源源不断的活力。

二、终身教育理论：教师专业发展的阶段性与终身性

（一）教师专业发展阶段论

教师的专业发展是一个渐进且复杂的过程，它跨越多个阶段，每个阶段都伴随着特定的成长需求和挑战。学术界对此领域的研究深入且广泛，提出了多种教师专业发展阶段理论，这些理论从不同视角描绘了教师职业生涯的轨迹。理解这些阶段及相关问题，对于洞察教师在不同时期的需求，以及如何有效支持其专业成长至关重要。

教育管理者和教师教育专家可以通过分析教师专业发展的各个阶段，识别教师在不同职业生涯时期的特点和需求，从而制定更为精准的师资管理和教师教育策略。例如，新手教师可能需要更多的指导和实践机会来提升教学技能水平，而资深教师则可能寻求专业深化或领导力方面的培训。

教师专业发展阶段论对于教师个人和外部专业发展活动设计者而言，均具有深远的意义。对教师而言，认识自己所处的发展阶段，能够帮助他们设定合理的职业目标，规划专业路径，促进自我反思，增强职业认同感。同时，这一理论框架为设计教师专业发展项目提供了指南，使教育者能够针对处于不同发展阶段的教师，量身定制培训内容，确保活动更加贴近教师的实际需求，从而提升专业发展的针对性和效率。

（二）教师专业发展终身论

教师的专业发展是一个贯穿职业生涯始终的动态过程，它融合了阶段性的成长与终身学习的理念。这一理念强调，教师应当将自我提升视为一项无止境的任务，而非一时之功就可实现。随着终身教育概念自 20 世纪 60 年代以来在全球范围内广泛传播与被接纳，它已成为推动教育现代化的关键驱动力，无论是经济发达地区还是经济发展中区域，都受益匪浅。

对于职业院校的教师而言，终身教育理论不仅是一种理论支撑，更是应对社会与科技快速发展现实需求的基础。在当今时代，技术迭代速度加快，社会结构与人们的需求亦随之演变，这要求职业教育培养出的人才必须具备适应性和前瞻性，能够迅速响应并掌握新兴科技。作为塑造下一代技能型人才的核心力量，职业院校教师的自我革新显得尤为重要。

终身学习意味着教师需要主动拥抱变化，不断吸纳新知，包括理论知识的更新和实践技能的精进，以保持教学内容与方法的现代性与有效性。唯有如此，教师方

能引领学生成长，确保教育质量与社会进步同步。这种持续学习的精神，不仅促进教师个体的专业成熟，也增强了教育体系的整体活力，使其成为推动社会创新和经济发展的重要引擎。

第二节　职业院校教师发展的理念

一、职业教育的中国特色唯物主义哲学基础——"教学做合一"理念

"教学做合一"的概念由我国著名教育家陶行知先生提炼并发扬光大，它既汲取了中国古代"知行合一"的智慧精髓，又融合了杜威的实用主义教育哲学中"从做中学"的思想。这一理念并非仅仅倡导认知上的领悟，而且强调通过实际行动来实现学习与教学的统一，体现了从理论到实践的完整循环。

在"教学做合一"的框架下，教学活动不再是抽象的知识传授，而是紧密结合实际操作的有机过程。学生在动手实践中获取真知，教师则通过指导实践深化理解，二者在共同参与的过程中实现教与学的双向互动，形成一种生动活泼的学习生态。这一理念根植于唯物辩证法的土壤之中，主张通过物质世界的直接体验来认识真理，进而推动个人能力的全面发展。

对于职业院校的教育工作者而言，"教学做合一"不仅是一种教学策略，更是一种教育信仰，它促使教师们在日常教学中注重学生的实践能力培养，强调理论与实践相结合的重要性。通过精心设计的实践活动，教师能够引导学生将课堂所学转化为解决实际问题的能力，从而有效提升教学质量，培养出既有扎实理论基础又能熟练运用技能的高素质技术人才。

（一）"教学做合一"理念的内涵

陶行知，对我国职业教育体系的构建与发展产生了深远影响。他独创的"教学做合一"理念，深刻地改变了教育的传统面貌，为职业教育注入了新的活力，奠定了其唯物主义的哲学基石。这一理念包含了多层面的教育革新思路，旨在构建一种更加贴近现实、注重实践的教学环境。

首先，"教学做合一"强调的是实践与理论的无缝对接，主张一切教学与学习活动都应当以"做"为核心。在这一过程中，教师的角色转变为引导者，学生则成为主动探索的主体，双方在共同的实践活动中相互作用，实现了知识传授与技能习

得的完美结合。这种以行动为导向的教学模式，打破了以往教育中重理论轻实践的局限性，使得学习过程更加生动、直观，易于理解和掌握。

其次，该理念倡导培养劳心与劳力相结合的新时代人才。在陶行知看来，教育的目标不应仅限于传授知识，更重要的是促进个体的全面发展，包括智力与体力的均衡发展。这要求教育者在设计课程时，要充分考虑学生的身心特点，通过多样化的实践活动，激发学生的创新精神和实践能力，使他们在劳力的同时，亦能思考和创造，成长为既能动脑又能动手的复合型人才。

（二）"教学做合一"理念对职业院校教师发展的启示

尽管"教学做合一"与"知行合一"在表述上看似相近，实则它们根植于截然不同的哲学土壤，代表了两种迥异的教育观。前者，作为陶行知先生教育思想的核心，是在其投身革命与教育实践的深厚基础上提炼而出的，是"知行合一"理念在中国语境下的创造性转化与本土化发展。这一概念，深深植根于唯物主义的哲学根基之中，与马克思主义所倡导的理论与实践的辩证统一、实践是检验真理的唯一标准的观点不谋而合，体现了教育理论与社会实践的紧密联系。

"教学做合一"的精髓在于，它将教育视为一个动态的过程，其中"教""学""做"三者相互依存、相互促进，强调了实践在认知建构中的核心地位。教师不再仅仅是知识的传授者，而是学生实践探索的引导者；学生也不再被动接受，而是主动参与，通过亲身体验来深化理解，实现理论与实践的深度融合。这一理念超越了传统的书本教育，倡导在真实情境中学习，让教育回归生活的本质，使学生能够在实践中获得真知，培养其解决实际问题的能力。

更为重要的是，"教学做合一"不仅是教育方法论上的革新，也是教育哲学上的重大突破。它标志着以陶行知为代表的一代中国教育家，基于对中国国情的深刻洞察，成功地构建了一套符合中国职业教育发展需求的理论框架，为职业技术教育提供了坚实的科学与哲学支撑。自此，这一理念成了职业院校教育改革的基石，指导着教师们在教学实践中遵循这一原则，推动了教育与产业、理论与实践的无缝对接，为社会输送了大量兼具理论知识与实践技能的高素质人才，极大地推动了我国职业教育体系的现代化进程。

二、合作办学、联合教学是职业教育的基本特色——产教融合理念

（一）产教融合理念的内涵

产教融合理念倡导的是企业与职业院校之间形成一种深度的战略联盟关系，这

种战略联盟关系不仅体现在办学模式的创新、人才培养路径的重塑及硬件设施的共建共享上，更在于双方在这些层面的深度融合，共同构建一种互利共生的生态系统。在此体系下，学校不再是孤立的学术象牙塔，企业也不仅是单纯的市场参与者，二者通过资源共享、优势互补，实现了教育链与产业链的有机衔接，共同推动了知识的转化与技术的创新。

具体而言，产教融合意味着企业可以深度参与到学校的课程设计、实训基地建设和师资培训中，确保教育内容与行业需求紧密相关，同时，学校也能为企业提供定制化的人才培养方案，满足企业的个性化人力资源需求。这种模式下的学生，不仅能够掌握扎实的理论知识，还能在实践中积累丰富的职业技能，毕业后即能快速适应岗位要求，缩减了企业的人力成本和培训周期。

更重要的是，产教融合还促进了教育与生产的深度融合，使得教育不再局限于校园之内，而是延伸到了真实的生产场景中。学生在实习实训的过程中，能够接触到最前沿的技术和行业动态，这激发了他们的创新思维和实践能力。同时，企业也能够借此机会发现潜在的问题，推动技术升级和管理优化，实现经济效益和社会效益的双赢。

（二）产教融合与校企合作、工学结合理念的区别

产教融合、校企合作、工学结合这三个概念，虽各有侧重，但共同构成了现代职业教育体系中促进教育与产业对接的核心理念，它们之间存在着递进和包容的关系，共同推动着职业教育的创新发展。

校企合作作为基础层面，着重于建立学校与企业之间的桥梁，旨在通过签订合作协议、开展联合项目等形式，促进教育资源与产业需求的有效对接。这种合作形式强调双方的互动与交流，为学生提供了实践的机会，也为企业输送了符合行业标准的人才。

工学结合则是校企合作的深化，它强调在合作的基础上，将工作与学习融为一体，即"做中学，学中做"。这意味着课程设置需紧密贴合产业实际，教学过程中融入真实的工作任务，让学生在实际操作中学习专业知识和技能，从而提升其职业素养和就业竞争力。

产教融合则是上述理念的进一步升华，它要求学校与企业之间的合作从表层走向深层，从单一的合作项目拓展到全方位的资源整合与共享。产教融合追求的是教育与产业的高度协同，包括但不限于教学内容与产业标准的一致性、实训基地与生产现场的无缝对接、师资队伍与行业专家的双向流动等，最终目标是建立一种既能反映产业发展趋势，又能满足人才成长需求的教育生态体系。

对于职业院校教师而言，这些理念的贯彻实施带来了全新的挑战与机遇。教师

们需要具备更强的实践能力和行业洞察力，其不仅要精通专业理论，还要了解最新的行业动态和技术要求，以便在教学中融入更多的实用性和前瞻性元素。同时，教师还需积极参与到与企业的合作项目中，与企业专家共同开发课程、设计实训，甚至参与企业的研发活动，以此提升自身的教学质量和科研水平，更好地服务于学生的职业成长。

（三）产教融合理念对职业院校教师发展的启示

产教融合理念深刻揭示了职业教育的多维性和复杂性，它强调了职业院校教育工作不再局限于校园围墙之内，而是要构建一个由行业协会、企业、政府及学校四方共同参与的立体化教育生态系统。这一理念的核心在于，任何单一主体都无法独立承担起技术技能型人才培养的重任，唯有通过多元主体的协同作用，我们才能有效应对教育与产业需求间脱节的问题，确保人才培养的质量与效率。

具体而言，行业协会扮演着行业标准制定与推广的角色，帮助企业与学校建立统一的人才培养标准；企业则直接参与到教育过程中，通过合作办学、现代学徒制、订单培养等模式，将实际工作场景与教育环节深度融合，确保教育内容与市场需求的高度匹配；政府作为政策引导者和监管者，出台相关政策鼓励和支持产教融合的实施，保障多方合作的顺利进行；学校则需转变传统的教学模式，引入企业导师，构建双师型教师队伍，使教学活动更加贴近实际工作要求。

这种机制创新，不仅解决了信息不对称导致的教育与产业需求错位问题，还促进了人才标准的统一与更新，确保教育输出与市场输入的无缝对接。同时，专兼职结合的教师队伍建设，使得学校教师能够获得行业一线经验，企业员工也能传授实践经验，这进一步增强了教育内容的实用性和前沿性，提升了学生的就业竞争力和社会适应能力。

因此，产教融合不仅是对职业院校教育模式的一种革新，更是一个涉及教育、经济、社会多领域的系统工程，它要求各参与方打破传统壁垒，形成合力，共同致力于构建一种动态平衡、高效协同的职业教育新生态，为经济社会发展持续输送高质量的技术技能型人才。

三、因材施教是职业教育的基本准则——学生发展多元智能理念

（一）多元智能理论的内涵

美国哈佛大学的心理学家霍华德·加德纳通过其开创性的理论，颠覆了传统意义上人们对智力的单一定义，提出了一种更为广阔且包容的理论——多元智能理论。

他认为，人类的智能并非仅限于学术范畴的认知能力，而是一种广泛分布于个人身上的多种认知能力的集合，这些能力既独立又相互联系，共同构成了个体独特的智能图谱。

加德纳最初确定了七种主要的智能类型，随后其在此基础上补充了两种，最终形成了九种智能，涵盖了语言文字智能、数学逻辑智能、空间智能、音乐智能、身体动觉智能、人际交往智能、内省智能、自然观察智能及后来提出的存在智能。每一种智能都代表了个体在特定领域内解决问题的独特能力，它们不仅仅是学习和知识获取的工具，更是个人在实际生活中的创造力和创新能力的源泉。

加德纳的多元智能理论强调了智能的社会文化属性，即智能的发展和表现深受个人所处的文化背景和社会环境的影响。这意味着，在不同的文化中，人们对不同类型的智能会有不同的重视程度，个体的智能也会在特定的文化框架下得以培育和发展。此外，该理论还突出了智能的现实创造性，主张智能不仅仅是为了理解和掌握现有的知识体系，更重要的是为了创新和解决问题，为社会的进步和文化的繁荣做出贡献。

霍华德·加德纳认为每个人在某种程度上至少拥有 9 种智能（表 1-1）。

表 1-1　多元智能理论的结构一览

序号	智能	内涵	典型职业/代表人物
1	语言文字智能	人对语言的掌握和灵活运用的能力。表现为个人能流利而有效地用语言描述事件、表达思想并与他人交流。	律师、演说家、编辑、作家、记者等。
2	数学逻辑智能	运算和推理的能力。表现为对事物间各种关系，如类比、对比、因果和逻辑等关系的敏感，以及通过数理进行运算和逻辑推理等。	数学家、税务、会计、统计学家、科学家、计算机程序设计师等。
3	空间智能	在头脑中形成一个外部空间世界的模式并能运用和操作的能力。表现为个人对线条、形状、结构、色彩和空间关系的敏感，以及通过图形将它们表现出来的能力。这项智能，能使人感觉到外在和内在的图像，能够重现、转变或修饰心理图像，不但能有效地调整物体的空间位置，还能创造和解释图形信息。	航海家、飞行员、向导、室内设计师、建筑师、雕塑家、画家等。
4	身体动觉智能	运用整个身体或身体的一部分解决问题或制造产品的能力。表现为表达思想、情感的能力。这项智能包括特殊的身体技巧，如平衡、协调、敏捷、力量、弹性和速度及由触觉所引发的能力。	手工艺人、舞蹈家、运动员、外科医生等。

序号	智能	内涵	典型职业/代表人物
5	音乐智能	指个人感受、辨别、记忆、表达音乐的能力，表现为个人对节奏、音调、音色和旋律的敏感，以及通过作曲、演奏、歌唱等形式来表达自己的思想或情感。	作曲家、音乐评论家、调琴师等。
6	人际交往智能	能够与人交往的能力。表现为能够觉察他人情绪、情感和意图并做出适当的反应。该智能的核心是留意他人差别的能力，特别是观察并区分他人的情绪、意向、动机及性格的能力，能够辨别他人有意隐藏的意向和期望并做出适当的反应。	教师、社会工作者、心理咨询师、演员、政治家等。
7	内省智能	认识、洞察和反省自身的能力。表现为能够正确地意识和评价自身，并在此基础上有意识地调适自己生活的能力。	哲学家、政治家、思想家、心理学家等
8	自然观察智能	观察自然的各种形态，对物体进行辨认和分类，能够洞察自然或人造系统的能力。包括了观察、反应、联结、条理化、统合及联系自然界和人文世界的知觉能力。	植物学家、生态学家、考古工作者、农业工作人员、动物饲养员和庭园设计师等。
9	存在智能	喜欢提出并思考关于生命、死亡与终极本质相关的问题。	亚里士多德、孔子、爱因斯坦、爱默生、柏拉图、苏格拉底等。

（二）多元智能理论对于职业院校教师的启示

1. 智能结构的多元性为因材施教的教学原则提供了依据

霍华德·加德纳的多元智能理论与职业教育的理念不谋而合，二者均倡导从个体实践能力出发，注重技能的培养与应用。在这一视角下，智能被诠释为个体在真实世界中解决问题和创造价值的潜力，而非仅仅局限于理论知识的掌握。职业教育的目标正是围绕这一核心，致力于培养学生的实践智慧，使他们具备在具体工作情境中高效获取信息、分析并解决复杂问题及与他人协作的能力，这些都是直接关系到职场成功的关键要素。

考虑到学生智能结构的实践性特征，教育者应当采取一种更加细致入微的教学方法，即观察学生在完成实际任务时的个体差异，以此为基础实施个性化教学。这意味着教师需要跳出传统教学模式的局限，避免以预设的标准智能模型来框定学生的学习路径，而是应该根据每个学生独特的能力倾向和兴趣点设计课程。通过这种方式，教育者能够激发学生内在的潜能，帮助他们在擅长的领域内成长，同时也能识别出那些需要额外支持和指导的方面。

2. 学生在教学中的不同表现, 很大程度上取决于其本身发展形成的智能结构的多元性

环境与教育对于个体智能的发掘与深化起着至关重要的作用, 它们如同催化剂, 能激发并推动各种智能向更深层次发展。重要的是理解, 智能并非单一维度的天赋, 而是由多种元素交织构成的复杂网络, 每种智能都有其独特的生长轨迹和发展潜力。这意味着, 通过精心设计的专业训练, 任何一种智能都能得到显著提升, 达到前所未有的高度。

值得注意的是, 个体间的智能差异体现在组合模式上, 而非单一智能的绝对值。一个人可能在语言文字智能上表现出色, 却在空间感知或数学逻辑方面略显不足, 反之亦然。这表明, 智能的分布呈现出多样性和不平衡性, 每个人都是独一无二的智能"拼图"。

教育实践的关键在于识别并尊重这种多样性, 将焦点从量化智力转移到质化智能的培养上。教育的目的不应仅限于评估学生已有的智能水平, 更重要的是探索如何引导他们发挥各自的智能优势, 找到最适合自身发展的学习路径。这意味着, 教育过程需兼顾个性化与差异化, 鼓励学生探索自我, 发现并强化他们的智能强项, 同时弥补相对薄弱的方面。

多元智能理论为教育改革提供了新的视角, 它强调了学生内在潜能的多元性和可塑性。从心理学层面解析, 这一理论揭示了每个学生都携带着独特的智能基因, 拥有自己专属的学习节奏和偏好。因此, 教育的使命在于为学生搭建一个开放且包容的学习平台, 让他们在适合自己的环境中茁壮成长, 最终成为既深谙自身智能优势, 又能有效应对各种挑战的全面发展型人才。

四、有成果的教学才是有效的教学——成果导向的教学理念

(一) 成果导向的教学理念的内涵

OBE (Outcome - Based Education) 模式的核心关切聚焦于四大核心议题: 首先, 明确界定期望学生达成的学习成果目标为何; 其次, 深入探讨为何要设定这些特定的学习成果目标; 再次, 探究如何通过有效的教学策略协助学生实现这些目标; 最后, 确立衡量学生是否已成功达成学习成果目标的评估机制。OBE 理念的根本信条是"每位学习者皆能成功", 其逻辑框架建立在每个学生都蕴含独特才能的基础之上, 主张教育应促进合作而非竞争, 学校应担当起为每位学生寻找成功路径的

责任。

根植于教育目标理论、能力本位教育、精熟学习理论及标准参照评价等理论基石，OBE 融合了一个实践模型、双核心目标、三基本假设、四执行原则与五实施要素，构建出一套系统化的教育革新蓝图。OBE 的设计理念围绕三大循环：教学成果循环、教育质量内部循环与外部循环，旨在确保教育产出与学生能力的无缝对接。

教学成果循环是这一框架的基石，专注于能力指标的实现，确保毕业生具备所需技能。在此循环中，能力指标体系的构建成为逻辑起点，指导课程体系的设计、调整与优化，以及教学活动的组织。教师依据教学成果循环的指导，构建与能力指标相匹配的知识结构，并将成果融入多元化的教学评估中。这一循环周期通常为一学年，其间，教师可根据反馈对指标进行微调。

教育质量内部循环则致力于保障学校整体教学成果，确保学生在毕业时能够达到预期的能力水平。该循环以上下贯通的校级、院级与专业级人才培养目标为引领，对教学成果循环具有决定性影响，确保人才培养与社会需求的高度契合。教育质量内部循环的建设周期一般为 1～3 年，我们会根据人才市场需求与政策导向适时调整。

教育质量外部循环则以学生及利益相关方的需求为核心，考量国家政策、社会发展、学校特色、产业趋势及市场动态等多维因素。此循环的构建周期通常为 4～6 年，其调整依据主要源于学生初次就业状况及其未来五年的职业发展轨迹，从而确保教育输出与社会经济需求保持同步。

为切实推进 OBE 模式的有效实施，我们需着重把握六大核心要素，确保教育改革的方向与成效。

第一，明晰国家对人才的具体需求。学校应立足现实，综合考量毕业生的实际就业情况、国家战略人才需求及学生个性化特质，精准定位人才培养的主要方向，矢志不渝地将其付诸实践。这一过程需以翔实的数据分析为基础，确保人才培养目标与社会需求高度吻合。

第二，校、院及专业层级的人才培养目标应基于成果导向进行精心规划。为此，学校须展开深入的市场调研，包括对雇主的长期访问、行业趋势的全面审视、校友及在校生意见的广泛收集，以及与各部门、学院、师生的深度对话，辅以第三方就业评价数据，为构建合理的人才培养目标奠定坚实基础。

第三，细致入微地界定毕业能力要求，是 OBE 模式设计的重中之重。除宏观层面的概括性能力描述外，我们还应细化至具体能力指标的诠释，确保每项能力要求都能被清晰理解并有效衡量。

第四，专业课程体系的设置应紧密围绕毕业能力要求，每门课程的开设都需阐明其对毕业能力的贡献度，教学大纲应以列表形式明确展示这种关联性，确保课程体系与能力培养目标的无缝对接。

第五，教学设计应从传统的知识传授模式向以学生为中心的互动式教学模式转型。这要求教学理念从"以师为本"转向"以人为本"，强调知识的创新性与实践性，促使学生从被动记忆到主动应用与创造的跃升。同时，教学目标应覆盖知识、能力和素质三个维度，倡导全面发展，促进教与学的深度融合，课内外活动有机衔接。

第六，建立健全的教学质量保障体系，是 OBE 模式实施不可或缺的一环。这要求构建一个动态、可分解、可操作、可控制的闭环管理系统，通过整合校内资源，优化教学流程，形成自我约束、自我激励、自我改进、自我发展的良性循环，确保教学质量的持续提升与教育目标的顺利达成。

（二）成果导向的教学理念对于职业院校教师的启示

在推行 OBE 理念的过程中，教育者应当秉持四大核心信念，以重塑教育体系，确保每位学子都能绽放光彩。

第一，深信每位学生的潜能，确信他们都能有卓越的成就。OBE 理念强调，尽管路径各异，时机不同，所有学生均能在学术旅程中取得成功。教育工作者承担着引导学生走向成功的重任，需以学生的学习成效为己任，而非归咎于学生本身。学校应构建透明的评价体系，明确展示如何监控与提升教学质量，确保教育的公平与高效。

第二，树立目标与标准的连贯意识，将专业培养目标和核心能力要求融入日常教学。教育的目标不仅是传授知识，更在于赋予学生应对未来挑战的能力。因此，教育计划应清晰罗列核心能力名录，每一项能力都有具体指标，而每一指标则对应一系列精心设计的课程。如此，教育不再是抽象的概念，而是学生发展道路上的坚实基石。

第三，打造以成果为导向、学生为中心的教学范式。这意味着教育不再是一刀切的标准化流程，而是根据每位学生的独特需求和兴趣，量身定制学习体验。通过实施个性化的评估体系，教育者能捕捉到学生学习进程中的微妙变化，及时调整教学策略，确保每一位学生都能在最适合自己的节奏下茁壮成长。

第四，OBE 理念的推广遵循了严谨的研究逻辑。我们从理论探究起步，深入挖掘 OBE 的核心概念与基本原则，逐步过渡到人才培养领域的实际应用。研究视角也从宏观的教育理念探讨，延伸至微观的课程设计与教学法革新。这一过程见证了教育理论与实践的深度融合，为 OBE 理念的全面实施奠定了坚实的科学基础。

　　总之，OBE 理念要求我们转变思维，从相信每个学生潜能的独特性出发，构建一种目标明确、标准统一、学生主导的教育生态系统。这一系统不仅关注学生当前的学习成效，更着眼于其终身发展的能力培养，力求让每位学生都能在适合自己的舞台上发光发热。

第二章

职业院校教师的自我储备

第一节　职业院校教师专业发展的自我认知与自我认同

一、教师专业发展中的自我认知

（一）教师对职业的认同度

在探索教师专业成长的复杂图景中，教育研究者逐渐聚焦于一个关键维度——教师的职业认同度。这不仅仅是对教师个人身份与职业角色之间契合度的考量，更是对其在学校社群乃至更广阔社会环境中所感受到的归属、尊重、价值和关爱程度的综合反映。教师的职业认同度强烈与否，直接影响其内在动力，关乎其是否愿意持续精进、追求卓越，以及在面对挑战时能否展现出坚韧不拔的精神。

值得注意的是，职业认同度对教师专业发展的影响并非一成不变的，而是随着职业生涯的不同阶段呈现出动态变化。在教师职业生涯的早期，即入职初期，高职业认同度往往扮演着催化剂的角色，激发新晋教师的热情，帮助他们克服初入职场的不适应，快速融入团队，形成积极向上的工作态度。此时，认同度如同一盏明灯，照亮前行的道路，鼓励他们探索新的教学方法，勇敢面对挑战，不断积累经验。

然而，当教师步入职业发展的成熟期，职业认同度的作用机制则可能更加微妙。在此阶段，教师已建立起较为稳固的专业地位，其对职业的热爱与承诺更多地源于内心深处的价值观与长期实践累积的成就感。此时，职业认同度更多体现在教师对自我专业成长的不懈追求，以及对教育事业深层次意义的理解与贡献。教师可能会更加关注如何将个人专长与学校整体目标相结合，推动教育创新，促进学生成长，实现更为宏大的教育愿景。

1. 入职初期

近年来，教育领域的师资队伍呈现多元化趋势，其中不乏从非师范专业转型而来的教师，他们加入教育行业的动机各异，有的源于对教书育人的热忱，有的则是响应就业市场的需求所作出的选择。这一现象给教育界带来了新的思考，尤其是在如何培养和维护这些跨界教师的职业认同度方面。

对于刚走出校门，特别是师范院校毕业的新教师而言，他们通常具备较高的职业认同度，能够较快地适应教学岗位，因为他们的专业背景与未来的职业路径高度匹配，这无疑为他们打下了坚实的心理基础。然而，对于那些非师范专业的初任教师，情况则有所不同。他们在投身教育行业之初，可能面临身份转换的挑战，需要时间去建立与教师职业相匹配的自我认知，这一过程中的心理调适与职业导向显得尤为关键。

鉴于此，在教师职业生涯的起始阶段，明晰并强化职业认同度的重要性不容小觑。这不仅关系到个体能否顺利过渡至教师角色，更关乎其长远的职业发展规划。对于非师范专业出身的教师，尤其需要系统化的引导和支持，帮助他们理解教育工作的深层价值，激发其对教育事业的热爱与责任感，从而逐步构建起稳固的职业认同度。同时，教育机构及领导者应当创设包容性的工作环境，提供专业培训与发展机会，鼓励新教师与资深教师之间的交流与合作，以此来促进教师群体的职业成长，确保每位教师都能在其职业生涯中找到属于自己的价值定位与成就感。

2. 职业发展期

在教师职业生涯的黄金时期，即专业发展的上升阶段，教师的职业认同度扮演着至关重要的角色，它如同罗盘指引着教师在专业领域探索的方向。一个教师对自己职业的认同程度，不仅决定着其面对日复一日教学任务的态度，更深刻影响着其是否愿意主动投身于专业成长与创新之中。在当今教育领域，教学模式的革新与教育理念的迭代速度很快，这无疑对教师提出了更高的要求，同时也带来了一定程度的职业挑战与压力。不可避免地，部分教师可能会在持续的工作压力下感到疲惫，甚至出现职业倦怠的迹象，这是教育行业普遍存在的问题。

为了有效应对这一挑战，教育管理者和决策者需要采取积极的措施，通过精心设计的培训项目与专业发展活动，为教师搭建展示自我价值与能力的平台。这些活动应旨在激发教师内在的动力，鼓励他们从对教育事业的初步感受过渡到全身心投入，最终达到在教学中寻得乐趣与成就感的境界。通过这样的过程，教师不仅能够重新发现教育工作的意义，还能够在专业上获得实质性的提升，达到个人价值与职业使命的双重实现。

为了达到上述目标，学校和教育机构应当注重营造一种支持性与激励性的环境，让教师在其中能够自由地表达自己的观点，分享教学经验，以及参与决策过程。同时，我们提供定期的专业发展机会，如研讨会、工作坊、在线课程等，以帮助教师掌握最新的教育理论与实践技巧，增强其教学效能。更重要的是，我们要培养教师间的团队协作精神，鼓励同伴间的相互学习与支持，形成一种正向循环，使得教师在相互启发中不断进步。

（二）教师专业发展的关注维度

1. 教学智慧

在教育领域，对教师教学质量的全面评估通常围绕两大核心维度展开，它们分别是教师在预设教学计划中的表现及对课堂上突发"非预约事件"的灵活应对能力。前者侧重于考察教师的教学设计与实施水平，后者则更考验教师的即时决策能力与创造性思维。这种综合评价机制，旨在全方位展现教师的专业素养与教育智慧。

常规的教学评价，聚焦于教师的基本教学技能，涵盖教学流程的精心策划、教学氛围的营造、知识点的有效传递及深化理解等关键环节。随着经验的积累，优秀教师能在这些方面达到一定程度的标准化和专业化，减少个体间的显著差异，从而保证教育质量的稳定性。

然而，仅仅具备扎实的基础教学能力还远远不够。真正的教育艺术，在于如何敏锐捕捉并妥善处理那些不可预见的课堂动态，即所谓的"非预约事件"。这可能包括学生的突发提问、课堂气氛的微妙变化或是技术设备的意外故障等。教师在此类情景下的反应速度与问题解决策略，往往能更直观地反映其教育机智和个人魅力，这是衡量一位教师能否成为卓越教育者的又一重要标尺。

2. 管理沟通

教育是一门复杂而精细的艺术，尤其当教师面对的是心智尚未完全成熟的未成年人时，如何有效地与学生沟通，激发他们的学习兴趣，同时引导他们形成正确的价值观，便成了一项挑战。每位学生都是独一无二的个体，拥有自己独特的性格、兴趣和学习风格。因此，教师在传授学科知识的同时，还需掌握教育学、心理学和管理学等领域的专业知识，以便更好地理解和应对学生的多样化需求。

教育学为教师提供了关于教学方法、课程设计和评估体系的理论指导，帮助教师构建高效且吸引人的课堂环境。心理学则深入探讨学生的学习心理、情绪状态和发展阶段，使教师能够洞察学生的内心世界，采取更加个性化和更具关怀性的教育方式。而管理学则着重于班级管理和冲突解决的策略，确保课堂秩序，促进学生之间的和谐相处。

某位教师即便在学科知识传授上出类拔萃，如果缺乏有效的班级管理技巧，也可能导致课堂纪律涣散，影响整体的教学效果。例如，一个充满活力但组织性较弱的课堂可能会让学生感到兴奋，但也可能因缺乏结构而导致部分学生迷失方向。因此，教师需要不断地自我提升，通过学习和实践，增强自己的综合能力，特别是在班级管理方面，以实现教学与管理的完美融合。

3. 经验提升

教师的专业成长与个人经历息息相关，其专业素养、教学艺术往往随着岁月的积淀而日益精进。然而，经验的累积并不自动转化为智慧的升华，特别是对于基础教育阶段的教师，如何将多年实践中获得的点滴感悟转化为一套系统化、可复制的教学理念与方法，是一项极具挑战性的任务。在这个过程中，教师需要对自己的专业特长有深刻的理解和定位，明确自身的优势与不足，这是实现个人职业突破的关键一步。

为了达到这一目标，教师可以采取多种途径来促进自我反思和专业成长。首先，积极参与校内外的教研活动，与其他同行交流心得，借鉴他人的成功案例，这有助于开阔视野，发现自己未曾触及的教学视角。其次，利用现代信息技术寻找教育资源，如在线课程、教育论坛和专业社群，这些平台不仅提供了丰富的学习资源，还搭建了与全球教育者交流的桥梁。再次，定期撰写教学日志或反思笔记，记录下每一堂课的亮点与遗憾，这不仅是对过往经验的总结，也是对未来教学改进的规划。最后，寻求专业导师或教练的指导，通过一对一的深度辅导，教师可以获得针对性的反馈和建议，加速个人专业发展的步伐。

二、教师专业发展中的自我认同

（一）教师专业发展中自我认同的多层面透视

1. 教师专业发展中的自我认同的构建与深化

教师的专业发展历程嵌入了一段深刻的自我探索之旅，这一旅程的核心在于构建一个坚实的自我认同框架。自我认同，作为内在驱动的力量，促使教师不断审视并界定自己的专业价值、身份和角色，它不仅仅是对过往经历的回顾，更是对当下及未来自我形象的塑造。这一过程既是对个人历史的深挖，也是现实与理想的对话，旨在强化教师的自我意义、身份归属与专业使命感。

教师在专业成长道路上，通过反思性实践，将日常教学中的点滴体验编织成意义之网，每一次的自我反思都是对"我是谁"这一哲学命题的解答。这种反思性理解不仅局限于个人内心世界，它还与外界环境和社会期待交织，形成了一种动态平衡。教师在与同事、学生及更广泛教育社区的互动中，不断调整自我认知，这种交互性自我构建，既是对外部评价的回应，也是对内在价值的坚守。

自我认同的构建是一个漫长的过程，它如同一面镜子，映射出教师的情感状态和心理韧性。自豪感、成就感、挫败感和倦怠感，这些情感波动构成了教师专业生命的真实写照，它们在不同程度上激发或抑制着教师的成长。在面对职业挑战时，强烈的自我认同能够成为教师克服困难、维持教学热情的重要精神支柱。

此外，自我认同的深化，还触及了教师职业道德的核心。它要求教师不仅要精通学科知识，更要培养高尚的品德和人文情怀，这种内在的道德追求是教师专业成长的灵魂所在。通过自我认同的塑造，教师能够更好地理解自己的使命，即不仅传授知识，更引导学生成长为全面发展的个体。

2. 教师专业发展中价值、身份与角色的自我认同

在教师专业发展的脉络中，自我认同扮演着至关重要的角色，它是教师对自身职业意义、身份定位及职能扮演的深刻理解和自觉塑造。这一过程不仅是对专业价值的内化吸收，也是对个人身份与社会角色的清晰界定。教师通过自我认同，能够深入挖掘和认识自身在教育领域的独特价值，这不仅关乎个人的职业满足感，更直接关联到其教学效能与学生的学习成效。

（1）教师专业价值的自我认同

认同问题的探讨触及了个体在社会结构中的核心地位与存在意义，尤其是对教师而言，这不仅仅是职业选择的问题，更是关乎其个人价值实现与生命意义探寻的深层议题。教师的专业价值可以被细致划分，既包括了社会对其贡献的认可——社会价值，如政治、经济和文化等维度的影响，也涵盖了教师内心深处的主体价值，比如实用性、精神层面的满足和生命质量的提升。

在现实中，教师的社会价值往往被过度强调，这体现在对教育成果的量化评估、职业声望的追求及经济回报的期望上。然而，教师的主体价值，那些与个人成长、专业独立性和创造性紧密相连的部分，却容易被忽视。这种偏颇的价值取向，未能全面反映教师工作的丰富内涵，也未能充分激发教师内在的专业热情与创造力。

教师的专业价值可以进一步被细分为内在专业价值与外在专业价值。内在专业价值聚焦于教师职业的核心特质，如教学的艺术性、对学生个体差异的关注及对教育理念的执着追求；而外在专业价值则涉及工作环境、人际关系和职业稳定性等因素，这些构成了教师日常生活的物质基础与情感支撑。内在专业价值与外在专业价值之间的平衡，是教师专业发展中不可或缺的考量因素。

教师专业发展中的自我认同，要求教师既要对外部评价保持敏感，理解并接纳自己在社会中的角色与责任，又要深入探索内心的呼唤，追求个人生命价值的实现。社会与学校应当为教师提供一种支持性的外部环境，鼓励教师追求理想工作状态，尊重其专业自主性，并提供充足的资源与机会，让教师能够在教学实践中找到乐趣与成就感，从而实现真正的专业成长。

然而，现实往往不尽如人意。教师作为专业人士，其价值往往未能得到应有的尊重与认可，尤其是在公众认知层面。家长、学生、管理者乃至整个社会，对教师职业的理解常常停留在表面，忽视了教师工作的复杂性与专业性，这无疑削弱了教师职业的吸引力，也限制了教师队伍的整体发展。

因此，构建一种真正理解与尊重教师价值的社会环境，不仅能够提升教师的职业满意度，还能促进教育事业的长远发展。教师应当在追求社会价值的同时，不忘发掘与维护自己的主体价值，这样他们才能在专业道路上走得更远，成为更有影响力与幸福感的教育者。

（2）教师专业身份的自我认同

教师的专业发展之路，不仅是知识技能的积累与精进之路，更是一场深刻的自我发现之旅。传统上，教师的专业形象与职责往往由教育学界与行政体系预先设定，形成了一个标准化的专业框架，而教师在此框架下的自我意识与身份认同则较少被关注。然而，教师专业身份的自我认同是其职业动力的源泉，是驱动教师不断前进、创新与奉献的内在力量。

身份并非静止的标签，而是在动态的社会互动中逐渐形成的。教师的专业身份，既包含了社会对教师角色的功能性期待与价值认定，也蕴含了教师与外界持续协商的结果。这一过程需要教师的主动参与，以及来自同行、学生、家长乃至社会各层面的认可。教师的专业身份，正是在这一双向互动中得以确立与深化，进而成为社会共识的一部分，赋予教师相应的权利、地位与责任。

教师专业发展中的自我认同，实质上是教师对自身专业特性的深刻洞察与坚定承诺。它促使教师不仅关注教学技巧与学科知识的更新，更注重个人价值观、情感倾向与教育哲学的塑造。教师在反思过往经验、审视当前实践、展望未来方向的过程中，逐步构建起独特的专业自我。这一过程充满了挑战与机遇，教师需在与外部世界的对话中，不断调整与优化自己的专业定位。

教师专业身份的自我认同是一个贯穿职业生涯始终的动态过程。早年的教育背景与个人经历为教师铺设了初始路径，而在日后的教学实践中，教师通过反思与创新，不断校准自己的专业坐标。在社会变革与教育改革的大潮中，教师还需不断重新定义"何为教学专业"，探索适应时代需求的新角色与新使命。这一系列的探索与重塑，不仅加深了教师对自身职业的理解与热爱，也为学生提供了更加丰富与多元的学习体验。

（二）教师专业发展中的自我认同

1. 教师专业发展中自我认同的内涵

教师的专业发展是一条充满自我探索与成长的道路，其中自我认同扮演着至关重要的角色。它不仅仅是教师对"我是谁"这一基本问题的回答,更是教师内心深处对教育事业意义的追寻,对教师角色定位的肯定,以及对自身归属感的深切体验。自我认同在教师专业成长中既是动态演变的过程,也是稳定的核心,它关乎教师如何在复杂多变的教育环境中保持清晰的自我认知,如何在与学生、同事及社会的互动中构建并维护个人的职业身份。

然而,自我认同的形成并非一帆风顺,它可能遭遇种种挑战。个人的经历差异、反思能力的高低,甚至教育系统的压力与期望,都可能影响教师对自我的理解和定义,从而引发自我认同的危机。合理且积极的自我认同,是教师抵御这些危机、促进个人成长的关键。它要求教师在理性与感性、规则与目标之间找到平衡点,既要遵循教育的普遍原则,又要尊重个人的情感与直觉,确保专业发展既有序又富有创造性。

教师的自我认同,本质上是一个主动的、有意识的自我建构过程。它要求教师在反思与实践中不断审视自己的教育理念、教学方法和职业态度,同时也要倾听来自学生、同事和社会的声音,通过持续的对话与协商,形成更加成熟和全面的专业身份。这种认同不应是孤立的自我陶醉,也不应是盲目的社会顺应,而应是教师与外部世界相互作用的结果,既体现个人特色,又符合社会期待。

为了促进教师自我认同的生成,我们有必要在教育实践中重视教师的主体性,鼓励教师在日常教学中表达自我,同时也需培养教师的批判性思维与反思能力,使其能在纷繁复杂的教育情境中做出明智选择。此外,教师的自我认同还应该体现在语言的运用上。通过叙述与反思,教师不仅能够更好地理解自我,也能增强与他人的沟通能力,从而在教学实践中推动个人价值与专业成长的双重实现。

2. 教师专业发展中自我认同的合规律性

(1)恢复和保持认同中的关键成分

在教师专业发展的旅途中,自我认同犹如罗盘,指引着每位教师探索个人在教育领域的定位与价值。这一过程涉及多重维度的自我认知,包括同一性、差异性、连续性、阶段性、整合性及碎片性,它们共同编织出教师独特而丰富的专业身份。

第一,同一性作为自我认同的核心,促使教师与集体产生共鸣,建立与同行间的情感纽带,同时深化其对教育使命的理解与承诺。它不仅是对教师职业价值的认同,更是一种归属感的体现,让教师在专业社群中找到自己的位置,感受到作为教育工作者的荣誉与责任。

第二,差异性则强调个体的独特性,鼓励教师在保持专业共性的同时,勇于展现个性与创造力。这不仅是对教师个人背景、经验和风格的尊重,也是教育多元化和包容性的体现,使得每位教师都能在"相似"中寻找"不同",在教育实践中注入个人色彩。

第三，连续性意味着教师在其职业生涯中，能够连贯地构建自我叙事，即使面对环境变迁，也能保持自我认同的一致性。通过持续的反思与学习，教师能够将过往经验转化为未来行动的基石，使专业成长成为一条连绵不绝的河流。

第四，阶段性的特质揭示了教师专业发展并非线性，而是分阶段演进的事实。每个阶段都伴随着特定的挑战与机遇，这促使教师在解决自我认同危机的同时，不断重塑自我，实现从新手到专家的蜕变。

第五，整合性要求教师在多元认同中寻求和谐，将个人、职业、文化等不同层面的认同融合成一个统一的整体。这种能力不仅增强了教师的适应性，还促进了个人与社会的和谐共生，使教师能够以更加开放的心态接纳新知，同时巩固已有的信念。

第六，碎片性则提醒教师关注日常生活中的细微瞬间，即便是看似微不足道的教学片段，也可能蕴含着深刻的教学智慧与人生哲理。通过细致入微的观察与反思，教师能够从碎片化的经验中提炼出宝贵的洞见，丰富自我认同的内涵。

（2）重视教师专业理性与非理性属性的有机结合

教师的专业发展之旅中理性与非理性交织，两者相互依存，共同塑造着教师的自我认同。理性如同指南针，引领教师在知识的海洋中航行，明晰专业目标，规划职业路径，赋予教师以系统的方法论和严谨的实践态度。它强调逻辑、证据和效率，是教师专业成长的基石，支撑着教师在教育领域内追求卓越，实现个人价值与学术水平的双重提升。

然而，理性之外，非理性如同夜空中闪烁的繁星，为教师的专业生涯增添了不可预测的色彩与深度。它触及教师的情感世界、直觉判断及创意灵感，是非线性思维的温床，孕育着教师对教育本质的深刻洞察和个人价值观的升华。非理性激发了教师的同情心与同理心，使教师能够超越表面现象，深入学生内心，建立深层次的人际连接。它还激励着教师在教学中融入创新元素，以新颖的方式激发学生的兴趣与潜能。

教师专业发展中的自我认同，正是在这理性与非理性的双轮驱动下强化的。一方面，理性赋予教师具有广度和深度的专业知识，确保教育实践的科学性和有效性；另一方面，非理性则滋养着教师的人文情怀，使教师在教学中展现出温暖与智慧，成为学生成长路上的引路人。这种平衡不仅关乎教师个人的成长与幸福，更关系到教育质量的全面提升。

在理性与非理性的相互作用下，教师的专业认同成了一个有机的统一体，它既包含了对教育规律的深刻理解，也蕴含了对生命意义的不懈追求。这种认同使教师在面对教育改革与挑战时，能够保持内心的定力与灵活性，以更加全面的视角审视问题，制定符合时代需求的教育策略。

最终，教师在自我认同的引领下，实现了个人专业身份的清晰界定，同时也获得了持续成长的动力源泉。他们不仅成为了学科知识的传播者，更成了学生心灵的启迪者，社会变革的积极推动者。在这个过程中，教师的专业发展不再是孤立的技术提升，而是融会了理性与非理性、科学与艺术、个人与社会的多维发展，彰显了教育事业的深远意义与无限魅力。

第二节 职业院校教师专业发展的自我建构

一、教师专业发展中的"自我建构"释义

教师作为教育改革的核心推手，其专业成长不仅是个人职业生涯的追求，也是全球教育进步的基石。尽管外部环境与内部条件对教师专业发展起着至关重要的作用，如政策支持、学校文化、同事合作、学生反馈等，但这些因素仅构成发展的土壤，而非生长的直接动力。真正的催化剂在于教师个体的自我认识与自我建构机制，它是教师专业发展的心脏，决定着教师在复杂多变的环境中的茁壮成长。

教师专业发展的自我建构，始于教师对自身角色、使命与能力的深刻反思。这包括对教学理念的不断探索，对教育理论的批判性吸收，以及对实践经验的创造性转化。教师通过持续学习，不仅充实了学科知识与教学技能，更重要的是，其形成了独特的教学风格与教育哲学，建立了个人的职业身份。

自我建构还体现在教师对挑战的积极应对上。面对教育改革带来的新要求与高期望，教师需具备适应性与创新能力，将外界的压力转化为自我提升的动力。这意味着教师要敢于走出舒适区，勇于尝试新的教学方法，乐于接受同行与学生的多元反馈，从而在实践中不断修正和完善自己的教育策略。

此外，教师的自我建构还涉及情感与道德层面的自我修养。教师需培养深厚的专业情操，包括对学生的关爱、对教育事业的热忱及对公正与伦理原则的坚守。这些内在品质不仅影响着教师的教学效果，更决定了教师能否成为学生的人生导师，以及教育社区的积极成员。

（一）教师专业发展中的"自我建构"

在建构主义的视野下，"建构"一词超越了简单的构建与创造，它描绘了一个动态的、生成性的过程，其中主体与客体在互动中共同塑造现实。这种视角同样适用于理解教师的"自我建构"，即教师在教育实践中对自身身份、知识体系及教学

策略的深化与重塑。这个过程并非自然产生的，而是教师与其所处的教育环境、学生需求、教育理论及个人信念之间复杂交互的结果。

教师的专业发展，作为教育领域中一个持续的主题，涉及教师内在专业结构的迭代升级——这是一个既定的自然进程，同时也是对教师提出的明确期待。教师的"自我建构"在此背景下显得尤为关键，它不仅是对现有教育知识、情感态度和技能技巧的深度反思，更是对其进行的全面再创造。这一过程包含了三个核心步骤：觉知、审视与重构，它们共同推动了教师教育认知的整合与升华。

具体而言，教师通过日常的教学实践，对自身拥有的教育资源进行深度挖掘与自我觉察，随后对其进行批判性审视，识别出其中的局限与不足。接下来，教师会利用这一自我反思的过程，结合最新的教育理念与实践，对原有的教育认知进行重构，生成创新的教育策略。这一系列的活动不仅增强了教师个人的教育实践意义，还赋予他们应对复杂教育场景的能力，确保教育活动的质量，同时促进其专业素养的全面发展。

（二）教师专业发展中"自我建构"的主要表征

在教育的广阔舞台上，教师的"自我建构"是一项核心能力，它关乎教师如何主动且创造性地处理已有的教育知识、策略和技能，使之成为个性化的教学资本。教育知识，作为教师行动的基石，包括学科教学知识与教育理论知识，它们在教师的实践中被赋予独特的色彩。这一过程不仅仅是知识的简单应用，更涉及教师个人情意、经验和背景的交织，其使得每一位教师在传授知识时，都能呈现出不同的风格与效率。正如知识无法脱离个体独立存在，教师对理论的理解与应用也深受其独特视角的影响，导致即使面对同一理论框架，不同教师也能演绎出多样化的教育实践。

教育策略，作为教师达成教育目标的行动蓝图，是程序性知识的一种特殊表现。它的获取与教师的个人实践紧密相连，从理解原则到具体操作，每一步都留有教师的个性印记。即便面对相同的策略指导，教师依据自身经验与对情境的不同解读，最终实施的策略也会有所差异，这正是"自我建构"在教育策略层面的生动体现。如同魏书生老师的教学法，虽广为人知，但唯有在其特定的教育语境中，教学法方能展现出最佳的教学效果，这凸显了教育策略个性化建构的重要性。

教育技能，则是教师在长期实践中逐渐磨砺而成的操作艺术，它根植于教师的教育理念与个性之中。优秀教师之所以能在课堂上游刃有余，正是因为他们的技能并非照搬照抄，而是经过深思熟虑与反复实践后，形成了一套与个人风格高度契合的方法论。在每一次的教学中，教师都会根据具体情境进行调整与创新，这种"自我建构"的技能，不仅提高了教学的有效性，更展现了教师独有的教学魅力。

二、"自我建构"与教师专业发展

（一）教师的"自我建构"是教师知识发展的重要途径

教师的专业成长与其"自我建构"的深度密切相关，这一过程不仅是教师对个人教育经验的提炼与升华，更是教师将内在隐性知识转化为可表达、可传授显性知识的必经之路。在教育实践中，"自我建构"促使教师对其所掌握的信息进行深度加工，即将零碎的体验与感悟编码成有条理、有结构的知识体系，这一转变不仅强化了知识的系统性和逻辑性，还加深了教师对教育本质的理解。

这一复杂而精细的建构过程，实质上是对知识三要素——信念、真实性、证实的综合运用。首先，信念确保了教师对知识的主观接纳与认同，没有信念的支撑，知识便失去了生命力。其次，真实性要求知识内容必须基于客观事实，反映教育现象的本质规律。最后，证实环节则强调了知识的可靠性，即任何知识都需经由实证研究或实践经验的检验，方能成为教师专业素养的一部分。

教师的"自我建构"始于个人知识与经验的积淀，通过持续的反思与实践，其将这些原始素材淬炼为经过验证的"信念"。更重要的是，这一过程始终与教育实践紧密结合，以教学成效为最终评判标准，确保了教师所建构的知识体系既富含真理性，又具备实际应用价值。在"信息再构"的每一回合中，教师都在不断迭代更新自己的知识结构，实现了从量变到质变的跨越，推动了专业能力的稳步提升。

（二）教师的"自我建构"是教师专业持续发展的动力

教师的专业发展是一场内在结构的持续进化之旅，旨在培养教师对教育情境的深度洞察力，而非仅仅掌握一成不变的教学技巧或模板。这一过程的核心是激发教师对复杂教育挑战的批判性思考，鼓励其在理解的基础上创新问题解决之道，从而达到专业实践的新高度。

在这一旅程中，教师的"自我建构"扮演着关键角色，它孕育了一种植根于实践的智慧，这种智慧不仅蕴含着对教育真理的坚定信念，更驱动着教师理性地面对并改进日常教学。专家教师之所以能在同行中脱颖而出，正是因为他们致力于终身学习，热衷于教学反思，并且积极投身于基于问题的教学研究与创新，将理论与实践巧妙融合，形成独特的理性实践模式。

通过"自我建构"，教师得以将零散的感性经验系统化，提炼出具有普遍意义的教学理论，进而增强教学行为的自觉性、连贯性和学术性。正如某位特级教师分享的成长心得，真正的专业提升源于对自身既有思维与行为模式的深刻剖析与重塑，将这些反思的成果转化为更加成熟的职业态度、情感导向和教学策略，最终内化为个人职业素养的有机部分，成为专业成长的不竭源泉。

（三）教师的"自我建构"潜在地促进了教师积极情感的发展

教师的积极情感是其专业生命力的源泉，它如同一股清泉，激发了教师对教育事业的无限热情和对教学探索的不懈追求。这种情感不仅体现在对教育活动的全情投入上，更在于对教育问题的主动挖掘和对教师身份的深度认同上。心理学领域的研究成果揭示，情绪与情感在解决问题的过程中扮演着至关重要的角色，它们能够为情境评估提供直观感受，并为采取行动注入动力。因此，积极情感不仅是教师精神世界的一部分，也是驱动其理论学习、问题研究和实践创新的关键因素。

在教师的"自我建构"过程中，积极情感与个人成长相互交织，形成了一种动态的共生关系。当教师怀揣着热爱与激情，他们会更加自发地对周围信息进行深度解析，使思维在教育实践中保持鲜活与敏锐。在批判性思考和反思的基础上，教师能够建构起属于自己的教育认知框架，将抽象的概念、规则与原理融入个人的教育哲学之中。这一过程不仅需要智力的参与，更要求情感的深度投入，积极情感成为"自我建构"不可或缺的驱动力。

随着"自我建构"的推进，教师的积极情感也得到了升华和发展。在教育实践中形成的"自我认知"因其情境相关性和个人独特性，更容易被教师接纳和领悟。随着对教育活动认知的深化，教师往往能够建立起更坚实的职业认同感和荣誉感，这是积极情感培育的土壤。反过来，当教师在践行"自我认知"时体验到成就感、自信等正面情绪时，这些积极情感又会循环强化，成为教师持续实践"自我认知"的强大动力。

教师的"自我建构"与积极情感的培育是相辅相成的。在这个过程中，教师不仅能够拓宽专业视野，深化对教育本质的理解，还能在情感层面获得成长，形成更加健康、积极的职业心态，从而在教育的道路上走得更远、更稳。

第三节　职业院校教师专业发展的自我评价与激励

一、职业院校教师专业发展的自我评价

（一）对于教师自我评价的理解

教师自我评价是一个深刻且必要的内省过程，它要求教师具备高度的自我洞察

力,能够全面审视自身在教学技艺、专业知识、人际交往等多个维度的表现,特别是勇于面对自身的局限。这一过程始于自我认知,继之以深刻剖析,最终导向自我提升。通过自我评价,教师从被动的角色转变为主动参与者,这不仅激发了他们的主体意识,还促成了自我约束与自我激励机制的形成。

将自我评价纳入职业院校教师的发展体系,是推动教师成长、优化教学质量的关键步骤。它不仅增强了教师的内在驱动力,还提升了评价过程的民主性和透明度,确保了评价结果的客观性和真实性。当教师感受到来自机构的尊重与信任,他们更倾向于以开放的心态,诚实地评估并反思自己的教学实践,进而寻求持续改进的方法。

然而,教师在进行自我评价时也可能遭遇心理障碍,如对失去信任的担忧、对负面评价后果的恐惧(例如职业地位下降、岗位调整甚至解雇的风险),或是害怕遭受偏见与误解。这些顾虑可能源于对评价过程的负面联想,将其视为潜在的危机而非成长的机会。因此,为了克服这些心理障碍,我们应当将教师的自我评价与同行评议、学生反馈、专家指导等多种评价方式相结合,形成一个综合全面的评价体系,既能保护教师的心理安全,又能确保评价结果的公正与全面。

(二) 教师自我评价有助于促进教师的专业发展

1. 教师自我评价对教师专业成长的影响

现代心理学的洞见强调了内部动机对于个体持久行动力的非凡影响,相较于外部奖励或惩罚,源自内心的驱动更能激发深层次的学习与成长。在教育领域,自我评价扮演着至关重要的角色,它是教师专业成长的引擎,驱动着他们不断探索、创新与精进。

随着职业生涯的发展,资深教师往往已建构起一套成熟的教育理念,并固化为一系列的教学模式。然而,若缺乏对内在理论的深度反思,这些模式可能演变成机械式的执行,课堂将沦落为知识传递的流水线,教师则可能被限制于教科书与参考材料的框架之内,丧失了教育的创造性和灵活性。

自我意识与自我反思的能力,正是打破这一僵局的关键钥匙。它们促使教师跳出舒适区,主动寻求新知,质疑既有的教学方法,探索更有效的教育策略。这种内省性的思考不仅强化了教师的专业技能,更重要的是,它唤醒了教师对教育本质的深刻理解,推动他们成长为批判性思考者和终身学习者。

自我评价鼓励教师审视个人实践中的成功与失败,理解学生需求的变化,适应教育环境的变迁。这一过程不仅提升了教师的教学效能,也增强了其个人成就感与职业满意度,最终,这种内在的成长动力将转化为对学生更为深刻的影响,创造出富有意义和创新精神的课堂体验。

2. 教师自我评价有助于培养教师自身专业发展的教育理念

素质教育的核心追求在于促进学生的全面发展，其中关键的一环便是激发学生的积极自我意识，使他们能够自信地探索自我潜能，勇敢面对未来的挑战。为了达成这一宏伟目标，我们的首要任务是培育出一支秉持现代教育理念的教师队伍，他们是素质教育的践行者与传播者，肩负着引领学生向更高层次认知与情感发展的重要使命。

在教师专业成长的路径上，自我评价占据着举足轻重的地位，它不仅是评估个人教学成效的手段，更是教师自我反思与重塑教育理念的过程。当教育理论转化为教师内心深处的理念时，它不再仅仅是外在的知识和技巧的堆砌，而是融入了教师的情感、意志与价值观，成了指导其教育实践的内在指南。

教育理念，作为教师人格特质的一部分，是其个人生活哲学的体现，它关乎教师对教育事业的深刻理解和对人生价值的全面把握。这种内在的力量如同灯塔，为教师在教育的海洋中指明方向，即使遭遇困难与挑战，其也能保持坚韧不拔的精神，寻找到解决问题的路径。同时，教育理念激发了教师对教育理想的无限热忱，驱使他们倾注全部的热情与创造力于教学之中，不断开拓教育的新疆界，从而在职业道路上收获成就感与尊严感。

（三）有效开展教师自我评价的策略

教师在进行自我评价时，由于某些担心或恐惧可能对自己的评价过高或者过低。为此，学校管理者应针对教师自我评价时可能会出现的问题采取一些策略，这些策略如下。

1. 培养教师自我反思的习惯

在教育的广阔天地里，每一位教师都是一颗璀璨的星辰，他们的光芒不仅源于丰富的学识与精湛的教学技艺，更源于深刻的自我认知与持续的自我超越。正如古语云："知己知彼，百战不殆"，在教育领域，这句格言被赋予了新的内涵——"知彼先知己，自知方能明道"。这意味着，教师唯有深入了解自己的优势与局限，才能精准定位个人成长的方向，主动承担起自我完善的重任。

教师的专业成长，实质上是一场永无止境的自我探索之旅。在这条路上，自我反思扮演着至关重要的角色，它是连接过去经验与未来发展的桥梁，是教师个体从"教书匠"蜕变为"教育家"的催化剂。通过自我反思，教师得以审视自己的教学理念是否与时俱进，教学方法是否因材施教，以及与学生的互动是否真正促进了学习效果的提升。

我们将自我反思嵌入评价体系中，旨在唤醒教师内心的求知欲与创新精神，鼓励他们以主人翁的姿态参与自我成长的过程。这样的评价机制，不再仅仅是对过往表现的总结，而是一种前瞻性的激励，它促使教师在每一次教学实践中都能有所领悟，有所调整，有所进步。教师们在反思中不断优化教学策略，丰富教学内容，提升教学质量，最终实现个人素质的全面提升。

自我反思是教师专业发展的心脏，它驱动着教师不断向前，不仅在知识传授上精益求精，更在教育理念的深化与教学艺术的升华中绽放光彩。当教师将自我反思作为一种习惯，一种信念，融入日常教学的每一个细节，那么他们便能更好地引领学生探索未知，激发潜能，共同书写教育的辉煌篇章。

2. 设计可操作的教师自评指标体系并对教师加以指导

教师自我评价能力的提升，实则是一场内外兼修的修行，它既要求教师内心观念的革新，也呼唤学校管理层智慧的引领。在这个过程中，更新自我评价的视角，从单一的教学结果转向多元的教学影响因素，无疑能够提供更为深刻且全面的洞察。学校作为教师成长的摇篮，应当精心设计一套聚焦于教学效果关键驱动力的自评指标体系，这一体系应简洁明了，重点突出，避免冗余复杂的条目给教师带来不必要的心理负担。我们的目标是激发教师的内在动力，而非束缚其个性与创造力。

在建构这一自评体系时，学校管理层需扮演好指导者的角色，其不仅要明确指出哪些是教学成功的关键要素，如课程设计的创新性、课堂管理的有效性、学生参与度的提升等，还要确保这些指标能够直观反映教师的教学质量和专业发展水平。同时，学校应组织专门的培训，帮助教师建立起扎实的自我评价理论基础，包括对评价目的的深度理解、对评价原则的灵活运用及对评价技术的熟练掌握。只有当教师具备了这些核心能力，他们才能在自我评价的过程中，准确识别自身的长处与短板，进而制订出切实可行的改进计划。

此外，学校还应倡导一种开放包容的评价文化，鼓励教师之间分享自我评价的经验，相互借鉴，共同进步。这种文化氛围不仅能促进教师之间的合作与交流，还能增强教师的归属感和成就感，使他们在自我评价的旅程中，始终保持积极向上的态度，勇于面对挑战，不断追求卓越。最终，每位教师都能在自我评价的实践中，发现并释放自己的教学潜力，为学生带来更加丰富多彩的学习体验，同时也为学校的整体教育质量提升贡献力量。

3. 尊重教师的教学风格

在教育的广阔天地里，每一位教师都是一颗独特的种子，蕴藏着个性与才华的无限可能。教育教学不仅是对学生心智的培育，更涉及教师自身个性与专业成长。因此，教师评价体系的设计应当如同精心培育的花园，既要有统一的土壤——普遍认可的评价标准，也要为每一个花朵留足空间，让它们在适宜的环境中绽放独有的色彩。

尊重并珍视教师的个性差异，意味着评价不应成为束缚创造力的枷锁，而应成为激励创新的催化剂。学校在设定评价框架时，应当巧妙融合共性与个性，既要有确保基本教学质量的统一标准，又要允许教师依据自身特点，探索适合自己的教学路径。这种"量体裁衣"式的个性化评价，不仅能够揭示每位教师的独特价值，更能精准定位其成长需求，从而提供更具针对性的发展建议与支持。

为了实现这一愿景，学校应当致力于构建一种开放包容的评价文化，其中自我评价占据着举足轻重的地位，通过培养教师的自我反思习惯，激发其内在的成长动力，这样可以促使他们更加自觉地审视教学实践，识别优势与挑战，规划个人发展蓝图。同时，学校应提供多样化的评价工具和资源，如专业发展研讨会、同行互评机制、教学观摩活动等，为教师搭建展示个性与提升能力的平台。

更重要的是，学校需要营造一种鼓励尝试、宽容失败的环境，让教师敢于突破传统，勇于探索未知。唯有如此，我们才能真正激活教师队伍中的创新潜能，推动整个教育生态向着更加丰富多元、充满活力的方向发展。在这样的氛围中，每位教师都能够自信地展现自己的教学风格，不断追求专业上的精进，最终实现个人与集体的共同发展。

4. 注重教师的自评结果

在学校管理的智慧实践中，教师的自我评价扮演着核心角色，它是个人成长与专业发展的催化剂。自我评价并非孤立的行为，而是一个动态且持续的过程，它要求教师深入剖析自身教学实践，诚实地面对成绩与不足，进而清晰地规划未来发展方向。然而，真正的转变和提升往往需要外界的支持与引导。因此，学校管理者扮演着至关重要的角色，他们应当成为教师自我成长旅程中的伙伴与导师。

首先，学校管理者应当倾听教师的自我评价，理解其内心的声音与诉求，这不仅仅是形式上的听取，更是情感上的共鸣与认知上的认同。通过细致入微的观察与对话，学校管理者能够洞察教师自我评价背后的深层动机与潜在障碍，从而提出具体可行的改进建议。这种基于理解与尊重的沟通，能够激发教师的内在动力，使其更愿意接受改变。

其次，学校管理者应倡导一种融合自我评价与他人反馈的综合评价文化。这意味着教师的自我反省应与同事、学生乃至家长的客观评价相结合，形成一个全面而立体的视角。通过这种多维度的评价体系，教师能够获得更为丰富和准确的反馈，这有助于其从不同角度审视自我，发现盲点，从而促进更深层次的专业成长。

最后，值得注意的是，虽然自评结果是教师个人成长的重要参考，但将其直接与奖惩挂钩可能产生反效果，导致教师过于关注表面的成绩而非实质的成长。因此，学校管理者应避免将自我评价简单化为绩效考核的工具，而是将其视为促进教师持续学习与创新的动力源泉。当教师在自我评价中发现问题时，学校管理者应立即行动，组织相关专家或团队，共同探讨解决方案，提供专业指导与实际支持，确保每一步改进措施都能落到实处，真正服务于教师的专业发展和教育质量的提升。

二、职业院校教师专业发展的自我激励

在教育事业的广阔舞台上，教师的专业发展如同一颗种子，其茁壮成长既依赖于肥沃的土壤，也仰仗于种子本身的生命力。教师的专业发展动机，作为这颗种子的核心驱动力，直接关系到其能否破土而出，绽放出绚烂的花朵。当教师内心深处涌动着强烈的求知欲和自我提升的愿望时，他们便能以饱满的热情投入专业发展的征途中，不懈探索、勇于实践，从而攀登上职业生涯的新高度。

外部环境对于教师专业发展的滋养同样至关重要，它如同阳光雨露，为教师的专业发展提供必要的资源与平台。优质的职业培训、丰富的教学资源、开放的学术交流氛围，以及来自同行与领导的理解和支持，都是推动教师专业发展的外部动力。然而，这些外在条件若无内因的配合，就如同空谷回音，难以引发实质性的变化。教师作为专业发展的主体，必须具备主动学习的态度，勇于承担自我提升的责任，才能将外部的助力转化为内在的专业发展。

在这一过程中，自我调节能力显得尤为关键。教师需要学会如何在繁重的教学任务与个人成长需求之间找到平衡点，既要保持对专业知识和技能的敏锐追求，也要关注个人的情感状态和身心健康，避免职业倦怠的侵蚀。通过设定合理的目标，制订个性化的成长计划，以及及时调整心态，教师可以持续激发内在的学习动力，保持专业发展的连续性和有效性。

职业院校的教师尤其如此，面对职业教育领域的特殊挑战，他们不仅需要掌握扎实的专业知识和教学技能，还应具备与时俱进的教育理念，以及解决实际问题的能力。因此，他们更应该主动寻求自我提升的机会，积极参与各类专业发展活动，不断拓宽视野，深化专业素养。只有这样，他们才能在教育改革的大潮中站稳脚跟，引领学生走向更加光明的未来，同时也谱写个人职业生涯的辉煌篇章。

（一）学会主动出击，寻求职业幸福感

人的生命意义往往在投身于有意义的事业中得以彰显，对于职业院校的教师而言，这一意义尤为深刻。当他们将教育视为生命的延伸，将传授知识与启迪智慧视作自我实现的途径时，教师这个职业便超越了谋生的范畴，升华成了一种生活的方式，一种旨在促进自我与他人共同成长的崇高使命。在此视角下，教书育人不再仅仅是职责所在，而成了教师内心深处的热忱追求，是他们追求卓越、实现自我价值的舞台。

敬业与乐业，虽一字之差，却体现了截然不同的态度与境界。敬业，是对职业的尊重与恪守，而乐业，则是将工作融入生命，从中寻找乐趣与满足感。当教师将教育事业看作是一种追求，一种至高无上的境界时，他们便会发现，工作不仅仅是付出，更是收获——收获学生的成长，收获自我价值的实现，收获内心的平和与喜悦。这种内在的驱动力，成了教师专业发展不竭的源泉，促使他们在教育的道路上不断前行，即便面临外界的漠视或不解，也能坚守初心，砥砺前行。

在当今社会，教师的社会地位与认可度尚未达到理想状态，多数教师的职业生涯或许平淡无奇，但这不应成为阻碍他们追求幸福与自我实现的理由。面对这样的现实，职业院校的教师应当积极主动，以一种"自为性"的姿态，去追寻个人的幸福体验、情感的充实与生命价值的展现。在大环境短期内难以改变的情况下，保持乐观的心态，追求真理与美好，个人依然能够从中汲取力量，享受工作的乐趣，体会职业带来的幸福感。

尽管让每位教师都成为行业翘楚是不切实际的梦想，但每个人都有能力通过不懈努力，实现自我完善与成长。为此，职业院校的教师需要树立专业发展的主体意识，成为自主成长的实践者，即成为能够自主选择发展方向、自主反思教学实践、自主构建知识体系、持续追求专业进步的教师。他们应当明确，专业发展的终极目标在于提升生命质量，追求更高的自我超越。在这个过程中，教师应不断激发内在的积极动力，满足成长的需求，强化个人修养，将每一次的教学实践都视为提升自我、实现生命价值的机会，最终在教育的田野上播撒希望，收获属于自己的幸福与成就。

（二）学会自我欣赏，获取工作成就感

在教育领域，不少教师的激情与效能感常受制于外界的肯定与评价，尤其是那些初出茅庐的年轻教师，他们对领导的认可与同行的赞誉抱有深切期待。缺乏这种外部肯定时，他们的工作热情与成就感会显著下降，进而影响到专业成长的步伐。然而，我们必须认识到，每一个人都如同生态系统中的一环，既是社会结构的组成部分，也是自我调控的复杂个体。职业院校的教师，无论作为生理意义上的自然人，还是文化语境下的社会角色，皆是集多维度特质于一体的"自组织复杂系统"。在这一系统中，教师自身占据着中心地位，其"自组织"能力对其专业发展起着决定性作用。

当教师的内在系统与外部环境产生摩擦，能否顺利适应并重塑自我，全然取决于个人的应变能力。若能顺应变化，教师将构建起新的心理平衡，反之，则可能导致心理失衡。鉴于此，职业院校的教师欲在专业征途上取得显著发展，亟需重构其专业发展的动力机制，将对外界赞赏的依赖转变为内在的自我认同，培养自我欣赏

的能力。自我欣赏，源自内心深处的力量，能够唤醒教师的潜在能量，推动他们迈向成功，其激励效果深远且持久。

掌握自我欣赏之道的教师，能在日常教学中捕捉点滴成就，哪怕是一丝微笑或一句简单的感谢，都能令其感受到工作的价值与满足，从而激发出强烈的成就感。这类教师，能够以全新的视角审视挑战，转逆境为机遇，将其作为自我提升的催化剂，始终保持积极向上的态度。面对生活的波折，他们不会轻易自我苛责，而是给予自己足够的宽容与希望。

由此观之，具备主观能动性的职业院校教师，应学会灵活调整自己的专业发展策略，主动管理心理压力，力求维持最佳的精神状态。在压力山大时，他们懂得适时减负，保持轻松愉悦的心境，以乐观的姿态应对工作，提升效率；而在压力较轻时，他们敢于自我挑战，设立更高远的目标，坚定职业信念，深耕专业领域，精进技能，增强工作胜任力。

第三章

教师文化素养与师资队伍建设

第一节　教师人文素养

一、人文素养对教师的意义

（一）教师人文素养的价值

教师的文化素养，作为教育品质的基石，是科学理性、人文关怀与美学鉴赏三者交织融合的结晶。科学文化素养赋予教师追求真理的锐利目光，它是教育智慧的灯塔，引导着求学之旅。审美素养则犹如一缕清风，吹拂心灵的田野，激发教师对美的感知与创造，使其在教育过程中融入艺术的韵律与和谐，达到以美育人的境界。而人文素养，则是教师灵魂深处的呼唤，它倡导的是对人性的理解与尊重，对社会伦理的洞察与践行，旨在塑造有温度、有情怀的教育者形象。

长久以来，科学文化素养被置于教师专业发展的显要位置，它被视为知识传授与逻辑思维培养的关键。令人欣慰的是，近年来，一股重视教师审美素养的潮流正悄然兴起，众多研究者与教育实践者开始认识到，审美不仅是情感的滋养，更是创新思维与人格完善的源泉。教师的审美素养，涵盖了正确的审美观念，以及敏锐的美感体验、深刻的美学鉴赏能力与灵动的艺术创造力。它不仅为教师提供了展现教育艺术、提升教学魅力的利器，更深层次地，它关乎教师个人的成长与幸福，能够丰富教师的精神世界，提升生活品位与质量。

（二）教师人文素养塑造新型的师生关系

1. 新型师生关系的内涵及类型

在现代教育理念下，新型师生关系的构建标志着教育领域的一场深刻变革，它超越了传统的权威与服从模式，转向一种基于平等、尊重与合作的共生状态。这一关系的核心在于教师与学生共同成为教育过程的主动参与者，通过相互理解、支持与激励，营造出一种开放、包容且充满活力的学习环境。

教师，作为知识的传递者与学生成长的引路人，肩负着启迪心智、培养品格的重任，他们不再是单一的信息源，而是与学生共同探索未知世界的伙伴。他们鼓励学生提问、质疑与创新，视每个学生为独立个体，尊重其个性差异与潜能发展。同时，教师亦需保持学习的心态，从学生那里获得新鲜灵感，实现教学相长。

学生，作为教育的主体，不再仅仅是知识的被动接收器，而是积极的探索者与创造者。他们被赋予了表达自我、参与决策的权利，能够在安全、支持性的氛围中自由地思考与表达。随着年龄增长与心智成熟，学生逐步学会自我管理与自我驱动，将教育视为自我实现与社会贡献的途径。

新型师生关系强调的是双向互动与共同成长。在这种关系中，教师与学生之间的界限变得模糊，双方在相互尊重的基础上建立起深厚的信任。教师以导师而非权威的身份出现，学生则以合作者而非追随者的姿态响应。这种关系促进了深度学习的发生，激发了学生的内在动机，同时也促进了教师的专业发展。

在实际操作中，建立新型师生关系需要教师具备良好的沟通技巧、情感智力及反思性实践的能力。教师应当倾听学生的声音，鼓励批判性思维，同时也要勇于面对自身的不足，与学生一起寻找解决问题的方法。这种关系的构建并非一蹴而就，它需要时间、耐心与持续的努力，但其一旦形成，将会为教育带来深远的影响，不仅会提升教学质量，还会促进师生双方的心灵成长与社会适应能力的增强。

2. 教师人文素养与新型师生关系的内在关联

（1）教师丰富的人文知识有利于增强学生崇拜感

不论是承袭传统的师生纽带，还是拥抱创新的教育模式，其根基皆在于知识传承的需求。在这场求知的旅途中，教师与学生均需怀抱对学问的崇高敬意，这不仅是对知识本身的尊重，更是对人类智慧结晶的珍视。在新型师生关系中，核心要素在于教师以真挚且不失威严的姿态，悉心传授知识，而学生则以谦逊开放的心态，如饥似渴地吸收知识。

教师，作为知识的桥梁，其角色远不止于课本内容的传达者。一位学识渊博、底蕴深厚的教师，能在课前精心筹备，广泛搜集资料，确保课堂讲解时胸有成竹、游刃有余。在与学生探讨学术问题时，他们能凭借深厚的学术积累，提供多元视角和独到见解，从而引领学生迈向更广阔的知识殿堂。

在课外时光这种非正式的教育场景中，教师的人文素养成为无形的教材。一位饱读诗书、阅历丰富的教师，能够以亲身经历和广泛见闻，与学生分享生活哲学与人生感悟，这既拓宽了学生的视野，又在潜移默化中塑造了学生对教师的崇敬之情。这样的互动，不仅让知识的传递变得生动有趣，更在情感层面搭建起了师生间稳固的桥梁，促使彼此的关系趋向和谐与亲密。

（2）教师秉持的高尚的人文精神有利于正向引导学生价值观形成

教师秉持的人文精神，其核心是对学生深切的人文关怀。它要求教师将诸如尊重、理解、宽容等价值观融入个人的教育理念之中，并在日常的教学与互动中自然流露。教师应当以学生的发展为中心，秉持着对学生个体差异的敏感性，尊重每位学生的独特性，关怀其成长需求，将促进学生的全面成长视为教育的至高追求。

在这一过程中，教师需树立一种服务意识，即不仅服务于学校的整体目标，同事间的协作，更关键的是服务于学生的学习与成长。这意味着教师应致力于创造一种包容与激励并存的学习环境，帮助学生在已有的知识基础上不断拓展，鼓励他们探索未知领域，掌握新知。同时，教师应避免一概而论，认识到每个学生都是独一无二的个体，具备不同的潜能与兴趣，因此需因材施教，尊重并促进学生的个性发展，引导他们设定并追求个性化的目标。

教师秉持的人文精神，不仅仅是一种理念，它也是教师内心世界的反映，通过日常言行展现出来。教师不仅要传授知识，更要肩负起培养学生形成高尚情操和独立思考能力的重任。面对一些抽象且深刻的概念，教师无法仅靠灌输来完成教学，而需通过自身的人格魅力和生活实例，潜移默化地影响学生，让他们在日常交往中感知教师的用心良苦，体会到来自教师的真挚关怀与爱护。

具有丰富人文知识的教师，会自然而然地赢得学生的尊敬与仰慕。这种由衷的敬佩之情，将深化师生之间的和谐关系，学生会在与教师的互动中，不知不觉地学习教师的优秀品质。长此以往，学生的世界观、人生观和价值观将在教师的影响下悄然变化，向着更加成熟与积极的方向发展。教师的人文精神，就这样在无形中塑造着学生的品格，指引他们走向更加充实与有意义的人生旅程。

二、教师人文素养的培养

（一）在教育中加强人文知识的学习

人文知识素养，作为人类文化积淀的重要组成部分，赋予个体以多元化的认知视角和深厚的思辨力，这不仅拓宽了人们的心智边界，还促进了跨学科的创新与融合。在科学探索的征途上，人文素养如同一座灯塔，引领研究者超越纯粹的数据分析和逻辑推理，触及那些隐藏在冰冷事实背后的人类情感、社会伦理及哲学意义。

历史上诸多巨擘，如爱因斯坦、达·芬奇等，他们之所以能取得卓越成就，部分原因在于他们兼备了深厚的人文底蕴与精湛的科学技艺。这种双重素养的融合，使得他们在面对复杂问题时，能够从历史的长河中汲取智慧，从文化的宝库中寻找灵感，从而激发出独特的洞察力和创造力。他们不拘泥于单一领域的知识体系，而是善于跨越界限，将不同学科的思想融会贯通，推动科学发现与技术革新。

人文知识素养的滋养，让科学家们在追求真理的道路上，保持着对未知的好奇心，对生命的敬畏之心，以及对人类命运的深切关怀。它促使科学家在探索自然规律的同时，也关注科技发展对社会的影响，努力寻求科学、技术与人文之间的平衡点，确保科技成果能够惠及全人类，而非成为少数人的特权。正是这种全面发展的学术态度，推动了科学界的持续繁荣，也为后人留下了宝贵的学术遗产和精神财富。

在教育教学过程中加强人文知识的学习，职业院校教师们可以从以下几个方面努力。

1. 品读文化经典，丰富人文知识底蕴

在当今快节奏的社会环境中，对于职业院校教师而言，加强人文知识的学习既是个人成长的需要，也是教育使命的呼唤。尽管教学与科研任务繁重，但在有限的闲暇时光里，有意识地涉猎人文经典，不仅能丰富个人的精神世界，还能激发教学创新，提升教育质量。

面对专业领域内的忙碌，教师们可以采取"碎片化"学习策略，利用零散的时间片段，如早晚的通勤、午后的片刻宁静，甚至是睡前的静谧时光，细细品味古今中外的文化经典。职业院校为学生制定的人文素养必读书单，同样为教师提供了一条便捷路径，通过这些精选的读物，教师能够沉浸在先贤的智慧之中，感悟生命的意义，体味真善美的永恒价值，进而净化心灵，启迪心智。

更重要的是，当教师自身沉浸于文化经典中，其对人文知识的热爱与探求之情将愈发浓厚，学习过程亦不再是负担，反而成为一场愉悦的自我提升之旅。这种内在驱动力的觉醒，将促使教师在日常教学中自然而然地融入人文关怀，使课堂成为知识与情感交融的舞台，进一步促进学生的全面发展。

此外，教师可以从专业角度出发，选择那些将人文与科学巧妙结合的优秀作品，如科普著作、哲学随笔或是历史传记，从中汲取跨学科的灵感，培养批判性思维与人文反思的能力。这种跨界学习不仅能够拓展教师的知识边界，还能为其专业领域

带来新鲜视角，促进理论与实践的深度融合，最终实现个人学术水平与教学效果的双重提升。

2. 教学相长，融人文学习于教学和人文活动之中

在现代教育理念中，人文素质教育被置于前所未有的重要地位，尤其在职业院校的教育体系内，它不再被视为边缘化的补充，而是与专业教育相辅相成的必要组成部分。这不仅是因为人文知识构成了各学科深厚的文化根基，更是因为它能够跨越学科界限，与专业知识有机融合，共同促进学生的全面发展。

职业院校教师在专业教学中融入人文元素，不仅是对传统教学模式的革新，也是对教育本质的深刻理解。例如，在理工科教育中，将技术知识作为核心固然重要，但将其置于更广阔的社会、经济、法律乃至伦理框架下审视，更显得关键。这样一来，专业知识的学习不再局限于冷冰冰的技术细节，而是被赋予了温度与灵魂，学生在掌握技能的同时，也能洞察到技术背后的社会影响和人文关怀。

为了深化这一融合过程，教师们应当积极探索多样化的学习途径。一方面，他们可以在课堂教学中引入更多互动环节，鼓励师生间的交流与合作，让知识的传递变得生动有趣；另一方面，参与校内外的人文教育活动、加入文化社团，甚至邀请知名学者开设讲座，这都是极佳的学习机会。这些活动不仅能够拓宽教师的视野，增进他们对人文知识的理解，还能激发他们的创造力和同理心，从而更好地引导学生探索未知，培养其批判性思维和终身学习的习惯。

此外，教师之间的横向交流也不容忽视。通过分享各自的阅读心得、教学经验及对人文现象的观察，教师群体可以构建一个充满活力的学习共同体，彼此激励，共同进步。这种基于互动的学习模式，既促进了个人人文素养的提升，也为校园文化注入了新的活力，实现了知识传授与精神陶冶的双重目标。

（二）在教育服务中体现人文情怀

在教育教学过程中，提升人文素养，体现自我的人文情怀，职业院校教师可以从以下几个方面做起。

1. 铸就优良的教学品格，在教学中提升人文精神

在教育领域，纽曼的见解犹如灯塔，指引着职业院校教师们前行的方向。他认为，教学不仅是传授知识的手段，更是塑造人格、传递人文精神与科学精神的桥梁，而这正是教师职责的核心所在。教师的人格魅力，体现在其深厚的学识与专业的技能之外，更重要的是那份源自内心的热爱与对真理的不懈追求，这份精神财富无形中感染着每一位学子。

要培养优良的教学品格，首先教师需具有坚定的教学主体意识与高度的责任感。

这意味着教师需全身心投入教学事业，恪守职业道德，以身作则，展现敬业精神。面对纷繁复杂的事务，部分教师或许会感到力不从心，但唯有坚守岗位，将教学视为神圣使命，方能确保教育质量，维护教师团队的崇高声誉。

其次，教师应充满教学情怀，不断累积教学智慧。教学情怀是一种深沉的情感，它包含了对教育事业的热忱、对学生的关爱及对知识传播的使命感。与此同时，积累丰富的教学经验与创新的教学方法，能够帮助教师在课堂上更加游刃有余，激发学生的学习兴趣，促进其全面发展。

最后，追求真理与善良是教学品格的至高境界。求真是科学探索的动力，求善则是人文关怀的基石。两者并行不悖，共同构成了教育的理想图景。教师在传授知识的同时，更应引导学生思考知识的价值与道德的意义，培养他们成为既有科学头脑又具人文情怀的复合型人才。

2. 关心学生的成长，在生活中体现自身的人文情怀

教育的终极目标，超越了单纯的知识传授，直指人性的塑造与心灵的启迪。在这一宏大的愿景中，教师扮演着双重角色——既是"经师"，又是"人师"。在职业院校的讲坛上，他们以渊博的学识点亮智慧的火花，而在日常生活的点滴中，他们则以仁爱之心与高尚情操，引领学子成长。

作为"人师"，教师的首要职责是对学生倾注无尽的关爱。在职业院校这一特殊环境中，情感的纽带尤为紧密，它如同隐形的桥梁，连接着师生的心灵。没有爱，教育便失去了温度与灵魂，正如春日之花离了水土，难以绽放。唯有心中有爱，教师方能在细微之处发现学生的需求，以细腻的关怀与悉心的指导，滋养其心灵的沃土。

此外，"人师"的另一重身份，便是通过自身的品格与行为，无声地示范着何为高尚。在职业院校中，教师不仅是知识的传播者，更是人格的塑造者。他们需不断提升自我，涵养广博的学问与优雅的风度，以身作则，成为学生心中的明灯。学生往往会因教师的言谈举止而受到启发，甚至在未来的岁月里，那些不经意间的教导，都可能成为他们人生旅途中最宝贵的财富。

教师的人文素养，如同空气中的氧气，虽无形却不可或缺。它贯穿于教书育人的每一刻，无论是课堂上的每一次讲解，还是课后的每一次交流，都能让学生感受到文化的底蕴与人性的光辉。学生对老师的仰慕，往往源于那些看似微不足道，实则蕴含深远意义的瞬间。多年后，人们回忆起老师，能想起的或许不是其学术的巅峰时刻，而是那些彰显人格魅力与人文关怀的小故事，它们见证了教师对学生成长的深远影响。

第二节 教师科学文化素养

一、教师科学文化素养概述

在不断演进的时代画卷中，科学文化素养的培育已然成为提升国民整体素质的关键，其重要性不言而喻。它不仅关乎个体对科技与社会共生关系的深刻洞察，更牵涉科技对人类命运及地球未来蓝图的深远影响。科学进步的浪潮呼唤着公众具有广泛认知并能积极参与，这不仅仅局限于人们对科技成果的被动接受，更在于引导科技前行的方向，确保其发展轨迹贴合人类社会的可持续发展目标。

科技的力量，若能被民众普遍理解并主动接受，它将成为推动社会和谐与进步的强大引擎。公众的参与，不仅限于消费层面，更应深入决策层面，让科技的研发与应用始终围绕着增进人类福祉的核心价值展开。在这样的共识下，科技不再仅仅是冰冷的工具，而是成了促进生态平衡、社会公正与经济繁荣的有力支撑。

科学文化素养的普及，意味着培养一个能够审慎思考、独立判断、积极行动的公民群体。这样的公众，不仅能够享受科技带来的便捷与创新，更能预见并应对随之而来的挑战与风险。他们将科技视为共同塑造未来世界的伙伴，而非遥不可及的概念。通过教育与实践，提升科学素养，每个人都能在科技发展的洪流中找到自己的位置，共同绘制出一幅更加光明、健康、和谐的社会图景。

教师的科学文化素养主要包括以下几个方面。

（一）广博的知识积累

在当代社会，科技的迅猛发展与知识的爆炸式增长正以前所未有的速度重塑我们的世界。随着个体知识视野的拓展，人类自身的潜能与智慧也得以不断提升。作为知识的传播者与引导者，教师肩负着重大的责任。他们不仅需要汲取人类文明中积累的科学文化精髓，充实自我，还需具备敏锐的洞察力，紧跟科技时代的步伐，洞悉未来的趋势与变革方向。终身学习与深度思考，成为教师适应新时代挑战的必由之路。

在知识经济的时代背景下，人与知识的关系变得更为动态与复杂。个体运用知识的方式与对知识的解读，随时间推移而演变，这表明知识本身兼具稳定性和流动性。教师应当超越传统知识观的局限，视知识为既定又开放的领域，能够适应变化、容纳新知。面对素质教育的高标准与高要求，缺乏深厚的科学文化根基与教育理论支撑的教师，将难以驾驭具有复杂性和挑战性的教学。

素质教育的推行，要求教师不仅掌握广泛的学科知识，还须精通教育学、课程设计、德育实施、学科教学法及教育心理学等专业领域的知识。唯有如此，教师方能在教育实践中灵活运用，激发学生的学习兴趣，培养其批判性思维与创新能力，引领他们成长为适应未来社会需求的全面人才。教师的角色，从单纯的知识传递者转变为学生自主学习的引导者与合作伙伴，这一转变要求教师具备更广阔的知识面与更高的专业素养，以适应不断变化的教育环境与学生需求。

（二）合理的知识结构

当代科学的发展绘就一幅错综复杂的画卷，一方面，各学科在其各自领域内深耕细作，不断细化与深化；另一方面，跨学科的融合与交叉研究正日益深化，自然科学与人文社会科学之间的界限逐渐模糊，形成了前所未有的知识交融景象。这种发展趋势对教师提出了全新的要求，其不仅限于拥有宽广深厚的基础知识、对专业领域的精深理解和对前沿科学的即时掌握，更要拥有跨学科知识的融会贯通与综合应用能力。

为了应对这种综合性教育的需求，教师的知识体系应当如同精心编织的网络，其中每一个节点都代表着不同学科的知识点，它们之间通过错综复杂的联系相互支撑，彼此强化。这样的知识结构不仅要求教师具备数量上的广博，更在于质量上的精良与结构上的合理，确保知识之间能够形成有效的关联与协同，从而构建出一个有机的整体。

教师在传授知识的过程中，不仅要注重专业知识的精准与深入，还要能够触类旁通，将看似不相关的学科领域串联起来，展现知识的全貌。例如，物理学家可能需要借鉴哲学的思维方式来探索宇宙的本质；文学家则可以利用心理学的视角来剖析人性的复杂。通过这种跨学科的教学方式，教师能够激发学生的多元智能，培养其批判性思维和创新意识，使学生在面对复杂问题时，能够从多角度出发，寻求最优解。

在培养社会主义事业的接班人方面，教师的作用更是举足轻重。他们不仅需要传授知识，更要引导学生树立正确的价值观和社会责任感，使其具备解决实际问题的能力，成为具有国际视野、创新精神和实践能力的复合型人才。因此，教师自身首先应当成为知识的整合者与创新者，用自己广博的知识和深厚的学术功底，为国家和社会的发展贡献力量，为下一代的成长铺设坚实的基石。

二、教师科学文化素养的特点

教师，作为文明灯塔的守护者，肩负着传承人类智慧结晶、启迪年轻心灵的神圣使命。他们是学生探索真理、理解自然奥秘、拓展认知边界及开发智力潜能的导航员。在这一过程中，教师自身的知识底蕴与文化涵养显得尤为重要，这是履行教育职责不可或缺的基石。

掌握丰富且系统的科学知识，对于教师而言，不仅仅是职业的要求，更是个人成长与社会贡献的体现。这意味着，教师不仅需要拥有广泛的知识，包括自然科学、社会科学、人文艺术等众多领域的知识，还要对某一或某些专业领域的知识的掌握达到精通的程度。但知识的积累并非终点，如何将这些知识组织成一种既全面又层次分明的结构，才是关键所在。

教师的知识结构应该像一座精心设计的大厦，既有稳固的地基——扎实的基础教育理论和方法论，又有高耸入云的主体——专业学科的深度与广度，还有四通八达的走廊——跨学科的融会贯通，以及精致的装饰——艺术修养与人文关怀。这样的知识大厦，不仅体现了教师个人的学术成就，也反映其对教育本质的理解与尊重。

科学文化素养的提升，对于教师来说，则是一场永无止境的修行。它要求教师保持持续学习的习惯，关注科学前沿动态，理解科技变革对社会的影响。同时，教师还要具备批判性思维和创新能力，能够在教学中融入最新的研究成果，引导学生思考与实践，激发其探索未知的热情。科学文化素养的特点如下。

（一）要扎实地掌握系统的基础知识

在教育的殿堂里，每一门学科向学子们敞开的第一扇门，便是基础知识的大门。基础知识不仅是教材的核心，更是构建学生知识体系的基石。教师的责任，不仅仅在于自身对这些基础概念了如指掌，更在于他们能够化繁为简，将复杂难懂的原理转化为易于理解的语言，点燃学生心中的求知之火，引领他们步入知识的海洋。

为了实现这一目标，教师必须超越表面的知晓，深入探究知识的本质，掌握其内在逻辑与外延联系。这种"知其所以然"的能力，要求教师对基础知识有着更为牢固的把握和更为透彻的理解。唯有如此，他们才能立足于学生的认知起点，运用生动形象的比喻、直观有趣的实例，将抽象的概念具象化，帮助学生建立起清晰的认知框架，激发他们的探索欲望和创新思维。

教学的艺术，在于教师能够适时适地地引导学生观察现象、分析问题，培养其独立思考的能力。教师的点拨如同夜空中最亮的星，指引着学生穿越知识的迷雾，发现真理的光芒。这种指引，需要教师对基础知识的掌握达到炉火纯青的地步，既准确、深刻又熟练自如。只有这样，教师才能在课堂上从容不迫，面对各种突发情况，迅速调整教学策略，确保课程的连贯性和有效性，使知识的传递如同流水般顺畅。

此外，教学的时效性不容忽视。在瞬息万变的学习环境中，教师必须具备快速反应的能力，能够灵活应对学生提出的问题，即时调整讲解的深度与广度，确保每位学生都能跟上节奏，享受学习的乐趣。这种敏捷性与灵活性，源自教师深厚的专业功底，这是对基础知识深刻理解与熟练运用的直接体现。

（二）要有较为广博的文化科学知识和良好的文化素养

教育的卓越，源自教师深厚的学识底蕴。尽管课程标准所涵盖的内容是特定且有限的，但一名优秀的教师应当洞悉这些知识点在庞大知识体系中的坐标，理解它们与其他领域知识间的微妙联系。要做到这一点，教师本身就必须是一个知识的海洋，拥有远超教学大纲的广阔视野。这样的广博知识，不仅能帮助教师构建起一个全面的教学框架，还能在日常教学中，将各个知识点串联成线，形成网状的知识结构，让学生在学习的过程中体会到知识的连贯性和整体性。

在信息化时代的今天，学生获取知识的途径已经不再局限于课本，他们通过多种媒介接触到世界各个角落的信息，好奇心驱使他们不断提问，探索未知。面对学生提出的各式各样的问题，教师或许无法提供所有问题的详尽答案，但这并不意味着教师束手无策。相反，教师应该利用自己的广博知识，给予学生思考的方向和线索，激发他们的好奇心，教会他们如何在浩瀚的信息海洋中筛选、分析和判断，从而培养他们独立思考的能力和对未知世界的探索热情。

教师的文化素养，是其知识广博的另一面镜子。它不仅仅是对专业知识的掌握，更包含了对文化科学的尊重态度，对阅读和探索的持续兴趣，积极参与各类文化活动的主动性，以及艺术修养的涵养。这些素质共同构成了教师的人文精神，影响着他们在教学过程中的情感投入和人格魅力。一个具有良好文化素养的教师，能够将个人的魅力融入教学之中，让每一堂课都能为学生带来心灵的滋养，激发他们对生活的热爱，对美的追求，以及对人类智慧结晶的敬畏。

（三）要具备文化科学发展史知识，并对文化科学的新发展、新成果有所了解

文化科学的发展历程，无论是文学的演变、艺术的创新还是科技的进步，皆是人类智慧的结晶，见证了无数先驱者的心血与奉献。这一系列的历史脉络，不仅为教师提供了深度解读教材的独特视角，还是一本活生生的教科书，用以培养学生的

爱国情怀、科学精神和探索欲望。通过了解文化科学的演进历程，教师能够更加透彻地领悟教材背后的深层含义，同时，也能为学生们呈现那些激励人心的真实故事，点燃他们心中对科学与艺术的热爱之火。

文化科学史中蕴含的教育资源是无穷的，它构成了教师文化素养的重要基石。紧跟文化科学领域的前沿动态，关注那些划时代的重大发现，对于教师而言至关重要。尽管最新的科研成果未必立刻会转化为课堂教学内容，但教师保持对新知的敏锐感知，有助于理解教材的迭代逻辑，确保教学内容与时代同步，充满活力与创新。特别是在当今强调培养学生创新意识和实践能力的教育背景下，教师对当代科研动态的了解，能够有效激发学生的科学热情和创造潜能。

面对新时代的教育挑战，教师的角色日益凸显，他们不仅需要传承知识，更要引领学生适应未来社会的需求。为了完成这一使命，教师必须主动拥抱文化科学的最新发展，不断学习新兴知识，优化个人的知识体系，提升综合文化素养。只有这样，教师才能在教育的舞台上，以更加自信的姿态，引导学生跨越知识的边界，激发他们对未知世界的好奇心与探索欲望，培育出具备批判性思维和创新能力的未来栋梁之材。在这个过程中，教师自身的成长与学生的进步相互交织，共同绘就教育的美好蓝图。

第三节　教师队伍建设的意义

一、新时代教育需要高素质教师

（一）实施素质教育必须拥有高素质的教师队伍

教育的转型，从单一的应试模式迈向全面的素质教育，这是顺应时代潮流、响应社会发展需求及个体成长诉求的必然选择。素质教育，作为一项系统工程，其核心在于持续的革新与深化，旨在培养德智体美劳全面发展的个体。这一教育理念的精髓，在于其开放性和灵活性，能够随时代变迁而自我调整与完善，始终紧扣社会进步的脉搏。

创新，作为推动社会前行的关键要素，不仅是素质教育的灵魂，更是国家持续繁荣的内在动力。素质教育下的创新体系，源于教育实践，服务于教育实践，并在这一过程中不断精炼与升华。教育者与受教育者，即教师与学生，是这一实践进程中的主要推手。在素质教育的框架下，教师的角色被赋予了全新的含义，他们不仅要传授知识，更要引导学生学会学习、学会做人、学会生活、学会强身健体、学会欣赏美，尤其是要启迪学生独立思考的能力和勇于创新的精神。

这一转变对教师提出了更高层次的要求，他们不仅需要掌握扎实的专业知识，还要具备先进的教育理念、卓越的教学技巧及深厚的道德情操，成为学生心灵的导师与成长的引路人。因此，构建一支高素质的教师队伍，是推进素质教育全面实施的关键所在，是确保教育质量提升、促进学生全面发展、塑造国家未来竞争力的根本保障。教师队伍的壮大与专业化，将为素质教育注入源源不断的活力，使之成为培养创新型人才、促进社会和谐与进步的强大引擎。

（二）知识经济时代的根本问题是知识的创新、生产和传播

知识经济，这一依托于信息与智慧资本的新型经济模式，正逐渐成为全球经济增长的新引擎。它以知识为核心资产，通过知识的创造、流通、整合与实践，驱动社会生产力的升级。随着知识经济的主导地位日益凸显，我们正步入一个崭新的时代——知识经济时代。在这个时代里，掌握现代科学知识的深度与广度，成了衡量国家和地区综合国力的重要指标，同时其也是个人、组织或企业在激烈市场竞争中优势地位的衡量标准。

教育，作为知识经济体系中的心脏，承担着知识的孕育、传播与转化的重任。教师与学生，作为教育过程的主角，共同参与到知识的探索、创新与应用之中。教师的专业素养与教学效能，在这一过程中扮演着至关重要的角色，直接关系到教育的质量与效果。由此得出结论，知识经济的繁荣程度，根本上取决于教育的兴盛程度；而教育的卓越发展，则离不开高素质教师队伍的支撑。

知识经济取代传统工业经济，以非物质资源为基石，是历史的必然选择。科技进步，以及知识资源的爆发式增长，为发展中国家提供了向发达国家行列迈进的机遇与路径。在这一背景下，时代的呼唤愈发强烈，它渴望教育体系的飞跃式发展，渴望一支高水平、高效率的教师队伍的出现。这不仅是对教育本质的回归，也是对人类智慧潜能的深度挖掘，预示着一个更加智慧、创新与包容的未来的到来。

（三）经济全球化背景下，我国迫切需要大批高素质的人才

在经济全球化浪潮席卷之下，世界经济的脉络日益交织，我国加入世贸组织的大家庭，意味着在更广阔的国际舞台上，我们将直面全面开放的市场挑战与机遇。在这场没有硝烟的较量中，无论是经济实力的较量还是科技创新的比拼，其本质皆可归结为对人才的争夺。国家与地区要在国际竞争中独占鳌头，核心要素在于拥有庞大且卓越的人才队伍，一群充满智慧与创新精神的精英，以及与之相匹配的强大竞争力。

　　然而，人才的培养与储备并非一蹴而就，它依赖一个国家教育体系的健全与发展。教育，作为培养未来栋梁的关键环节，承载着塑造国家未来、引领社会发展的重要使命。高素质的教师队伍，正是推动教育现代化、实现人才培养目标的中流砥柱。他们不仅传授知识，更激发潜能，培养创新思维，是培育未来领导者与行业专家的基石。

　　因此，要构建一个能够在全球竞争中立于不败之地的国家，我们就必须首先打造一个先进、高效、富有活力的教育体系，确保每一位教师都能成为知识的灯塔，引导新一代学子勇攀学术高峰，开拓创新前沿。唯有如此，我们才能确保国家在国际舞台上的持续竞争力，为民族的复兴与繁荣奠定坚实的基础。

二、提高教师素质是长期的战略任务

　　提升教师的专业素质，实则是对教育未来的深切关怀与长远规划。这绝非应急之举，亦非短期内可轻易达成的目标，而是一段持久且意义深远的征程，要求我们以战略眼光和恒心去践行。教师素质的衡量标准，如同教育本身一样，随时代进步而不断演进，这使得增强教师能力成了教育领域永不落幕的主题。

　　在这一过程中，我们不仅要关注教师专业知识的深化与更新，还需着眼于教学方法的创新、教育理念的与时俱进，以及个人品格的完善。这意味着，教师需要持续学习，掌握最新的教育科研成果，灵活运用多元化的教学策略，以适应学生多样化的需求和变化中的社会环境。同时，培养教师的情商与人文素养，使他们成为学生成长道路上的引路人，同样至关重要。

（一）教师素质是教师队伍建设的核心

　　教师的综合素质构成了推动素质教育的关键所在，也是构建高质量师资队伍的基石。无论是在审视历史潮流还是面对未来挑战时，无论是立足于当下需求还是展望长远目标，教师的素质始终是各级决策者与社会各界共同瞩目的焦点。

　　在素质教育的框架下，教师不再仅仅是知识的传递者，更是学生潜能的激发者、批判性思维的引导者及终身学习的榜样。他们的专业能力、教育理念、人格魅力乃至社会责任感，直接影响着教育质量，决定着学生的成长轨迹与未来可能性。

　　鉴于此，提升教师素质不仅是教育改革的重要组成部分，更是国家发展的战略要务。这要求我们不仅要在教师培养体系中融入更多元的知识结构与技能训练，还要强化教师的职业认同感与使命感，鼓励其参与教育研究与实践创新，形成自我驱动的成长机制。

　　同时，构建一种支持性的教育生态，包括合理的薪酬待遇、专业发展机会、健康的工作环境及社会尊重，对于吸引并保留优秀人才从事教育事业同样不可或缺。唯有如此，我们才能建立起一支既能顺应时代变迁，又能引领教育潮流的卓越教师队伍，为下一代的成长与国家的繁荣奠定坚实的基础。

（二）教师素质的内涵与特征

关于教师素质的探讨，在我国教育领域已持续多年，特别是在素质教育理念兴起后，其重要性达到了前所未有的高度。增强教师素质与提升全民素质已成为社会各界的广泛共识。

教师素质实质上是教师集体或个人在教育实践中能力的综合展现，具体体现为那些能够直接影响教学成效，以及对学生成长产生深远影响的心理特质集合。这些特质不仅包括专业知识与教学技能，还涉及情感智力、人际交往能力、创新意识与道德修养等非认知因素。

在教育现代化进程中，教师素质的提升被视为教育质量改善的关键。它要求教师不仅要成为学科知识的传授者，更要成为学生潜能的发掘者、思维习惯的塑造者及人格完善的引导者。因此，构建科学的教师评价体系，实施持续的专业发展计划，营造积极向上的校园文化，都成了优化教师素质，进而促进学生全面发展的重要举措。

教师是一种特殊的职业，所以教师素质也具有与众不同的特征。根据我们的初步理解，教师素质具有如下特征。

1. 相对性

教师素质的衡量并非遵循一成不变的标准，而是基于不同的环境、学校、地区乃至国家的文化背景和社会需求来界定的。这意味着，在某些教育环境中被认为是高素质的表现，在另一些环境中可能就不那么突出。例如，一个在城市学校表现优异的教师，如果被调至农村学校，可能需要调整教学方法和策略以适应新的教学条件和学生需求。

2. 传导性

教师的言行举止、价值观、态度和情感状态都会通过日常的教育教学活动间接影响学生。这种影响是深层次的，往往超越了知识传授的范畴，触及学生的人格形成、价值观念和行为模式的塑造。教师的正面榜样作用可以激励学生追求卓越，而消极的态度则可能抑制学生的积极性和创造力。

3. 动态性

随着社会的进步和教育理念的更新，人们对教师素质的要求也在不断演变。新技术的应用、新课程的开发、新的教育理论和实践都要求教师不断学习和适应。比如，数字化时代的到来，要求教师掌握信息技术，能够运用多媒体资源进行教学；

全球化视野下，跨文化交流能力和国际理解教育也成为教师的必备素质。

4. 多样性

不同的教学岗位和学科领域对教师的素质有着特定的需求。例如，理科教师可能更注重实验操作和逻辑推理能力，而文科教师则可能强调语言表达和批判性思维。此外，担任不同角色（如班主任、课外活动指导老师、科研工作者）的教师，其综合素质的侧重点也会有所不同。这要求教师既要专精于某一领域，又要有广阔的视野和灵活的适应能力。

（三）提高教师素质是一项长期的任务

提升教师素质，不仅是教育事业发展的基石，也是实现国家长远战略目标的关键。在历史的长河中，无论是在东方还是西方，教育家们都深刻认识到教师素质对于培养未来公民的重要性。进入 21 世纪，随着科技的飞速进步和全球化的深入发展，教育面临着前所未有的挑战与机遇，这对教师提出了更高的要求。因此，提升教师素质，既是历史的使命，也是时代的呼唤。

要有效提高教师素质，我们需从内外两个维度着手。内部，即教师个人层面，应致力于自我完善，包括专业知识的深化、教学技能的提升、职业道德的强化及创新精神的培养。这意味着教师应主动学习，不断更新知识结构，掌握现代教育技术，同时保持对教育事业的热情与责任感。外部，则涉及政策环境和社会支持。政府和教育部门应当深化教育体制改革，优化教师选拔、培训和评价体系，提供持续的职业发展机会，并营造尊重教师的社会氛围。此外，合理的薪酬待遇和职业晋升路径也是激发教师工作热情、吸引优秀人才加入教育行业的重要因素。

制定并实施科学的教师队伍建设规划同样至关重要。这需要基于翔实的调研数据，了解教师队伍的现状和面临的问题，结合教育发展的阶段性目标，设计出既前瞻又务实的政策措施。规划应包含师资培养、招聘、考核、激励等各个环节，确保教师队伍的健康稳定发展。同时，规划还应考虑到区域差异，针对农村、边远和少数民族地区等特殊环境，采取针对性的支持措施，确保教育公平与教育质量的全面提升。

第四节 职业院校师资建设的有效路径

一、政府要以科学发展观为指导转变传统教育观

科学理论的指导对于任何实践的成功都有着至关重要的作用，尤其是在职业院

校师资队伍建设这一复杂而系统的工程中，其重要性更加凸显。基于此认识，以科学发展观作为指导思想来引领职业院校师资队伍的建设，不仅是理论上的必然要求，更是政府责任所在。科学发展观强调全面、协调、可持续的发展，这一理念要求我们在师资队伍建设中不仅要追求量的增长，更要注重质的提升，确保教师队伍结构合理、素质优良、专业精湛、充满活力。

（一）树立正确人才观和人才培养方向

在传统教育模式下，教育被视作一种静态的知识传递过程，其核心在于教师向学生灌输既定的理论与事实，这导致了教育体系在很大程度上滞后于社会经济的快速发展步伐。然而，随着科技浪潮的席卷，这一教育理念正面临着前所未有的挑战。在当前全球化的时代，一个国家的实力不再仅仅由其军事或经济力量来决定，科技能力成了新的核心竞争力，而科技的根基在于教育。因此，教育的目标必须超越简单的知识传授，转向培养具有创新能力和强烈社会责任感的复合型人才。

创新精神是推动科技进步的关键，它要求教育不仅传授专业知识，更要激发学生的创造力和独立思考能力，鼓励他们探索未知，勇于尝试。同时，教育还应当培养学生的公民意识，使他们在追求个人成就的同时，不忘回馈社会，为公共利益作出贡献。此外，鉴于环境危机的紧迫性，现代教育还肩负着传播生态文明理念的责任，引导学生理解人与自然和谐共生的重要性，从而培养出能够引领可持续发展潮流的新一代。

（二）职业教育需要科学发展观的指导

发展观作为人们对发展本质与目标的核心认知，深刻地影响着社会进步的方向与方式。在过往的实践中，受制于以经济增长为核心的发展观，社会普遍将注意力集中于 GDP 指标的提升上，视之为发展的终极目标。这一视角虽促进了经济的快速增长，却在无形中忽视了对人的全面发展及社会均衡进步的关注，造成了发展的片面性和不平衡性。

在这样的背景下，我国的职业教育体系亦未能幸免于发展观的局限。追求规模扩张与招生数量激增成为许多职业院校的主要导向，似乎将自身定位为支撑经济数据增长的工具。然而，这种重数量轻质量的倾向，最终导致了职业教育效果不佳、毕业生技能与市场需求脱节等问题，进而影响到劳动力市场的健康运行与经济的可持续发展。

鉴于此，我们当前亟须引入并践行科学发展观，以指导我国职业院校的教育革新。科学发展观强调以人为本，倡导全面、协调、可持续的发展路径，主张在促进经济发展的同时，兼顾社会公平、环境保护及人的全面发展。在这一理念的引领下，职业院校应重新审视其教育目标，从单纯追求规模效应转向注重教育质量和内涵式发展，致力于培养具备专业技能、创新意识与社会责任感的高素质技术技能人才，以实现教育与经济社会发展的良性互动。

通过转变发展观，职业院校不仅能更好地服务于国家发展战略，还能有效提升教育质量，确保毕业生能够适应未来工作场所的需求，为国家的长期繁荣与社会稳定奠定坚实的基础。

在职业院校建设中树立科学发展观，具有十分重大的指导意义，这种指导意义主要体现在处理好以下几对关系上。

1. 外延扩大与内涵发展的关系

追求教育的内涵发展意味着在保证教育质量的基础上，实现规模、结构、效益的和谐统一，这既契合我国国情，也遵循职业教育的内在规律。然而，自 20 世纪 70 年代起，我国职业院校在发展中往往过分侧重于量的增长而忽略了质的提升，这种失衡的发展模式逐渐显露出弊端。真正的外延扩大，并非简单地通过增加资金投入和扩大办学规模来达成，而是要在保持高质量教育的前提下，实现科学有序的扩展。

要实现外延扩大与内涵发展的有机结合，关键在于采取以下策略：

第一，优化整合现有教育资源。通过对现有教育资源的精细管理与高效利用，提高教育设施、师资力量和课程设计的有效配置水平，避免资源浪费，增强教育系统的整体效能。

第二，适度拓展优质资源。在确保教育品质不下降的前提下，有选择性地扩大优质教育资源的覆盖范围，比如引进高水平教师、增设前沿课程、采用先进教学方法等，以满足更多学生接受高质量教育的需求。

2. 数量与质量的关系

质与量作为一对辩证统一的概念，共同构建了事物发展的完整图景。在任何领域，包括我国的职业教育体系中，数量是质量得以展现的基础，而质量则是数量追求的终极目标。二者之间的关系并非静态固定，而是在社会变迁和技术进步的推动下，持续经历着动态的调整与再平衡。置于历史长河和社会大背景下，这一关系更凸显出时代特征和现实意义。

近年来，我国职业院校在响应国家扩大高等教育覆盖面的号召下，经历了快速扩招的过程。这一举措在短期内显著提升了教育机会的可获得性，但同时也暴露出一些潜在问题，即在追求规模效应的同时，对教育质量的关注可能的缺失。然而，长远来看，教育质量才是衡量一所院校生命力与社会价值的核心指标。随着经济转型和社会结构的演进，市场对人才的需求正从量向质转变，这要求毕业生不仅具备专业知识，更需拥有创新精神、实践能力和良好的综合素质。

面对这一挑战，职业院校需重新审视并调整其发展战略，以科学发展观为引领，回归教育的本质——人才培养的质量。这意味着学校不仅要关注招生数量的增加，更要致力于提升教学质量，优化课程设置，强化师资队伍建设，以及深化校企合作，确保教育成果能够紧密对接行业需求，培养出适应社会发展需要的高素质技能型人才。

3. 长远利益与眼前利益的关系

"十年树木，百年树人"，这句古训深刻揭示了教育事业的深远意义与持久价值。在我国，教育不仅是立国之本，更是兴邦之道，而职业教育作为其中的重要组成部分，肩负着培养技能型人才、支撑经济社会发展的重大责任。它不应仅仅被视为短期的就业培训基地，而是一项长远的战略投资，旨在锻造适应未来社会需求的高素质劳动者队伍。

然而，现实中部分职业院校在专业设置上的短视行为，却与这一长远目标背道而驰。它们往往过分依赖于市场热度，追逐短期的就业率提升，而忽视了专业内涵的深度挖掘与前瞻性的市场预测。这种做法虽能在短期内吸引生源，满足部分企业即时的人力需求，但缺乏对产业趋势的深入分析与对人才成长周期的充分考量，最终会导致教育产出与社会需求的错位，使得毕业生面临就业困境，同时这也影响了职业院校的社会声誉与长远发展。

科学发展观要求我们实现"四个统筹"，其实质就是如何更好地发展、实现怎样的发展的问题。同样，在我国职业院校的建设发展过程中，我们要坚持科学发展观就必须遵循"四个统筹"。将四个统筹与我国职业院校的实际情况相结合，才能真正实现我国职业院校的科学发展。

（1）统筹职业院校在不同地区的协调发展

我国辽阔的疆域内，职业院校分布广泛，但由于地理环境、历史积淀及经济发展水平的差异，各地职业教育的发展呈现出显著的不平衡性。这种地域间的鸿沟并非一日形成，更非朝夕可弥合，它深深植根于区域资源分配、基础设施建设及地方产业需求之中。因此，致力于缩减这种差异，促进全国范围内职业教育的均衡发展，是我国教育战略中的重要课题。

面对这一挑战，政府和社会各界需携手并进，制定并实施一系列有针对性的支持措施，尤其是向教育资源相对匮乏的地区倾斜，为其提供更加充裕的资金和政策保障。具体而言，我们可以通过设立专项基金，优先资助边远、贫困地区的职业院校，用于升级教学设施、引进先进设备、增强师资力量等，从而夯实其教育基础。

同时，优化招生和就业政策，鼓励和支持学生跨区域流动，拓宽其视野，增加实习和就业机会，进而激发地区间的人才交流与合作。

此外，利用现代信息技术成果，如远程教育平台和虚拟实训系统，可以有效弥补地域限制带来的不利影响，让优质教育资源惠及更多学子。网络共享课程、在线辅导等形式，打破时空界限，使偏远地区的学生也能享受到与一线城市同等水平的教育服务，促进教育公平。

长远来看，我们还需深化产教融合，加强与当地产业的对接，依据各地区的特色产业定制培养方案，既解决企业用人需求，又推动地方经济转型升级。在此基础上，我们逐步构建起覆盖全国的职业教育网络，形成多层次、多类型的教育体系，确保每一位青年都有机会接受高质量的职业培训，为个人职业生涯奠定坚实的基础，也为国家的全面发展贡献力量。

（2）统筹职业教育与经济社会的发展

职业院校与经济发展之间存在着一种共生共荣的动态平衡，这种关系体现于多个维度，彰显了教育与经济相互依存的本质。首先，职业院校作为技术技能型人才培养的摇篮，其蓬勃发展能够为经济增长提供坚实的人力资源支撑，满足各行各业对于专业化劳动力的需求，从而加速产业革新与升级，推动经济持续健康发展。

其次，职业教育的宗旨在于服务经济，即通过精准匹配教育内容与市场需求，确保毕业生具备适应职场的能力，直接服务于社会生产力的提升。这不仅意味着职业院校需紧密跟踪经济趋势，调整专业设置与课程结构，还要求其与企业深度合作，实现校企协同育人，增强学生的实践操作能力和就业竞争力。

再次，经济繁荣的背后，离不开职业院校源源不断的高素质人才供给。随着产业结构的优化与技术迭代的加速，经济对高技能人才的需求日益增强，这就要求职业院校不断创新教育模式，提高教育质量，以满足经济发展的新要求，确保人才链与产业链的无缝对接。

最后，经济发展水平同样对职业教育的质量、规模和速度产生直接影响。充足的经济资源能够为职业院校提供更为先进的教学设施、实验设备和师资力量，促进教育现代化；反之，经济低迷则可能限制教育投入，影响职业教育的发展步伐。因此，经济基础不仅决定了职业教育的形式与内容，还是其健康发展的关键因素。

在推进经济社会发展的过程中，我们必须审慎把握职业教育与经济之间的互动关系，既要确保职业教育的适度超前发展，以适应未来经济转型的需要，又要避免超出当前经济社会的承受范围，防止资源错配与浪费。通过科学规划，合理配置教育资源，我们能够在现有经济条件下，最大化地发挥职业教育的潜力，为国家的长远发展培育出一批批优秀的专业技术人才，实现教育与经济的和谐共生。

（3）统筹人才的全面发展

在知识经济蓬勃发展的今天，职业教育的角色与使命正经历着深刻的转变。它不再仅仅聚焦于技术技能的传授与经济效能的提升，而是承载着更深远的社会责任。我们所塑造的新一代人才，不仅应是技艺精湛的工匠，更应是心怀天下、德才兼备的公民，他们被时代寄予厚望，肩负着引领社会进步的历史使命。

因此，现代职业教育体系必须超越狭隘的技术培训框架，致力于培养个体的全面素质。这意味着，除了精益求精的专业技能训练之外，我们还需注重学生人文素养的培养，激发他们的创新精神和社会责任感。通过融入哲学、文学、艺术等多元文化教育，以及开展公民教育和道德教育，职业教育旨在打造一个既有深厚文化底蕴，又具备高度职业道德感与社会责任感的复合型人才群体。

唯有如此，我们方能孕育出真正适应时代需求、具备全球视野和本土情怀的优秀人才，他们不仅能在各自的领域内推动科技进步与产业升级，更能以其高尚的情操和卓越的领导力，促进社会公平正义，引领我国经济社会向着更加均衡、可持续的方向发展。这样的全面人才观，既是对传统职业教育理念的升华，也是对知识经济时代呼唤新型人才的积极响应，它将为我国未来的繁荣昌盛注入持久而强大的动力。

（4）统筹职业教育的国际化与民族化

自20世纪70年代起，我国的职业教育在国际交流与合作的浪潮中日益活跃，这一进程无疑为我国教育体系带来了新鲜血液与宝贵经验。然而，随之而来的挑战也不容忽视，包括人才外流与文化同质化倾向，这些问题考验着我国职业教育的韧性和智慧。在全球化的大背景下，如何平衡国际化与民族化之间的关系，成了一个亟待解决的关键议题。

我们应当深刻理解，国际化与民族化并非相互排斥的两端，而是相辅相成、相互滋养的双螺旋结构。一方面，任何教育体系若想保持其独特性与生命力，就必须深深植根于自身的文化土壤之中，从中汲取养分，发展出具有本土特色的教育模式；另一方面，国际合作与交流则是我们了解世界、借鉴他山之石的重要途径，它能够帮助我们拓宽视野，丰富教育内涵，促进教育创新。

因此，我们在坚守民族文化根基的同时，也要积极拥抱世界，通过批判性吸收外来文化的精华，实现本土文化与全球文化的有机融合。这不仅有助于提升我国职业教育的国际竞争力，还能在全球文化交流中贡献中国智慧，展现中华文化的独特魅力。

归根结底，政府应以科学发展观为导向，不断优化教育政策，强化职业教育的系统性与协调性，确保其在国际化进程中不失民族本色，同时又能与时俱进，满足新时代对高素质技能人才的需求。通过"四个统筹"，我们可以构建一种既开放包容又深植于本土文化的职业教育生态，为国家的长远发展奠定坚实的人才基础。

二、学校要有效发挥师资建设主体的作用

（一）紧跟时代变化改变自身观念

在职业院校管理中，转变核心理念至"以人为本"至关重要。这意味着从过去侧重于事务性管理向关注个体成长和潜能释放的方向过渡。师资力量作为学校最宝贵的财富，其管理策略应当聚焦于激发与维护，而非单纯的管控。采取更人性化的方法，不仅能够吸引并留住顶尖教育人才，还能增强教师队伍的整体活力与创新力，从而实现教育资源的有效配置，为学生提供优质的教育环境。

进一步地，"以教学为本"的理念应成为职业院校的核心价值观。教师作为知识的传播者和学生的引路人，他们的教学质量直接关系到教育成果。因此，师资队伍建设应致力于提升教学能力，确保每位教师都能成为学科领域的专家和高效的教学执行者。学校应当避免以往"重学历轻能力"的误区，将教师实践技能与学术研究置于同等重要位置，旨在培养一批既精通学术又擅长教学的双师型人才。

同时，开放性思维对于师资队伍的成长不可或缺。传统上，职业院校倾向于内部培训，较少鼓励教师参与外部交流。然而，为了跟上时代步伐，学校需要打破这一局限，积极创造条件让教师走出去，接触新知，吸收先进教育理念。通过持续的进修和学术交流，教师可以不断充实自己，掌握行业最新动态，创新教学方法，最终提升整个学校的教学质量和竞争力。

职业院校在师资队伍建设中应秉持"以人为本""以教学为本"及开放性三大原则，通过优化管理策略、明确教学导向和拓展国际视野，构建一个高素质、高效率、高适应性的教师团队，为培养未来社会所需的技能型人才奠定坚实基础。

（二）不断改进方法提高师资队伍管理水平

确保任何机构稳健前行的关键在于科学化管理，对于中国的职业院校而言，面对日益庞大的师生群体，构建高效且专业的师资管理团队显得尤为重要。随着招生规模的扩大，职业院校需应对成千上万的学生，这要求其具备精细化的管理策略。同样，教师队伍的壮大亦呼唤着科学化的管理手段，以维持其活力与效能。因此，

打造一个卓越的师资管理团队，不仅是职业院校发展的基石，也是提升教育质量的必要条件。

师资队伍建设是一项系统工程，涵盖广泛领域，要求师资管理团队具备前瞻性和专业性。为此，职业院校应将师资管理团队的建设视为人才培养计划的一部分，精心规划并实施。具体而言，我们需吸纳具备高业务能力、良好职业道德及职业素养的精英加入师资管理团队，同时注重对现有成员进行思想教育、管理技能升级与专业培训，此外，转变传统观念，重视管理工作，通过激励措施保持师资管理团队的稳定与高效运作。

调动教师的积极性与主动性是师资管理团队的核心任务，这要求师资管理团队将先进的管理理念与方法融入日常工作中，持续提升管理效能，紧跟时代步伐，学习创新管理技巧，结合学校实际，探索符合自身特色的管理模式，使之趋于制度化与科学化。师资管理团队还需善于运用现代管理工具，优化资源配置，激发教师潜能，实现管理目标。

最理想的管理方式并非简单的指令下达或情绪动员，而要建立在深入人心的政策与机制之上。良好的政策设计往往能产生超乎预期的管理效果。故此，职业院校应致力于优化政策体系，完善师资队伍建设相关举措，营造一种既尊重个人发展又促进团队协作的良好环境，确保师资管理工作的有效性和可持续性。通过上述努力，职业院校不仅能激发教师队伍的内在动力，还能为学生提供更优质的教育资源，推动学校整体教学水平的提升。

（三）加强教育管理提高教师队伍素质

市场经济追求利润最大化的本质，有时会与职业院校教师队伍的建设目标产生冲突，形成发展障碍。为了突破这一瓶颈，职业院校应当深化师资队伍的管理，同时增强教学督导的功能与效力。教学督导的核心价值在于，通过监督与指导教师的教学活动，促进"教书育人"质量的全面提升。

教学督导采取"督导"与"引导"双轨并行的方式，旨在通过对教师日常教学流程的持续监控、评估与激励，维护教学秩序的稳定，强化教育过程管理，进而显著提升教学质量。鉴于教师作为教学活动的主导者，其专业能力和教学热情直接关系到教育成果，因此，教学督导工作必须聚焦于教师群体，挖掘优秀教育实践，提炼教学经验，激发教师潜能，从而整体提升师资队伍的专业素质。

此外，学生作为教育的直接受益者，对他们的关注同样是教学督导不可或缺的一环。通过督导学生的学习状态，我们可以培养他们自主学习的能力，改进学习方法，激发学习兴趣，并锻炼其解决问题的综合能力。职业院校通过强化教学督导的作用，不仅能够适应教育改革的新趋势，而且这也是构建高素质师资队伍的有效策略，为院校的持续发展注入了强劲动力。

综观全局，教学督导是连接教师、学生与教学质量的桥梁，它通过促进教学过程的优化与教学效果的提升，为职业院校的师资队伍建设与教育教学创新提供了有力支撑。这一机制的完善与执行，对于打造适应市场需求、具有竞争力的教育体系至关重要。

第四章

职业院校教师教学技能

第一节　教学技能及其对职业院校教师的意义

一、职业院校教师教学技能概述

（一）职业院校教师教学技能的含义

1. 教学技能的内涵

职业院校的教师通常具备深厚的学科知识或丰富的实践经验，但这并不自动转化为卓越的教学能力。教学，作为一种专业活动，要求教师掌握特定的知识和技能。教师专业化强调的是教师身份的专业性质，其中，教学能力的发展尤为关键，尤其对于新晋教师而言，提升教学技能水平是他们关注的焦点。

教学技能，乍看之下似乎易于理解，然而深入探讨时其则显现出复杂性与多维性。长久以来，"三字一话"被视为基础的教学技能，尽管它们确实重要，但我们不应忽视更为实质性的教学技能，如教学设计、活动策划、内容组织与方法应用等，这些同样需要通过实践加以锻炼。

教学技能涵盖从初级到高级的不同层次，初级阶段表现为模仿式应用，技能显得较为僵硬；而高级阶段，即技巧层面，技能运用变得流畅自如，最终可能达到教学艺术的高度，即教师能够根据具体情况灵活调整教学方式，实现教学的个性化与高效性。教学艺术并非脱离技能独立存在，而是技能高超的体现，是扎实基础技能的升华。

对于职业院校的年轻教师来说，其即便目前技能水平有限，也不应失去信心。

通过持续学习理论知识，结合实践锻炼，逐步完善动作技能与心智技能，教师的教学能力必然不断提升。从模仿起步，经过反复练习与深刻领悟，教师终将迈向技巧乃至艺术的境界，实现个人职业生涯的发展与飞跃。

总之，教学技能的培养是一条从基础走向精通的道路，它需要教师对教学理论的深入理解与在实践中不断尝试。通过系统学习与不懈努力，任何一位教师都能在教学领域取得显著进步，最终达到能够自如驾驭课堂、灵活应对各种教学挑战的艺术化教学水平。

2. 教学技能辨析

由于教学技能与许多因素有着密切联系，教学技能一词在日常教学中经常与一些概念相混淆。辨析这些概念之间的关系，对于职业院校青年教师更准确地理解这些概念，夯实教学基础，有效发展教学能力有重要价值。

（1）教学技能与教学知识

教学知识与教学技能是教师专业成长的双翼，二者虽各有侧重，但彼此间存在着密不可分的关联。教学知识，从宏观角度涵盖了教育心理学、教育学原理、课程设计与评估等多方面的理论体系，它帮助教师洞察教学的本质，理解学生学习的心理过程，以及掌握课程构建与优化的原则。这些知识构成了教师专业素养的基石，使他们能够在教学实践中做出明智决策，设计出既能吸引学生兴趣又能促进其深度学习的教学内容。

教学技能，则是教师将上述知识应用于实际教学情境的能力展现。它涉及了从教学设计、课堂管理到评价反馈等一系列具体操作层面的技巧。不同于静态的知识，技能是动态的、实践导向的，它要求教师能够根据不同的教学目标、学生特点和课堂环境，灵活运用所学知识，创造性地解决问题。高水平的教学技能不仅体现在技术的熟练度上，更重要的是教师能够适时适地地调整策略，以提升学生的学习成效。

教学知识与教学技能之间的关系，如同理论与实践的辩证统一关系。没有深厚的教学知识作为支撑，技能的运用往往是盲目和低效的，缺乏深度与广度；而没有技能的实践转化，知识则容易沦为纸上谈兵，无法在真实的教学场景中发挥效用。因此，教师的专业成长既需要广泛吸收前沿的教学理论，也需要通过不断的实践磨炼，将知识内化为技能，再由技能反哺知识，形成螺旋上升的良性循环。

对于职业院校的教师而言，教学技能的提升首先依赖于对教学知识的深刻理解和灵活运用。这意味着，他们不仅要成为学科专家，更要成为教育实践者，能够将抽象的理论转化为具体的教学行动，通过精心设计的课堂互动、适时的反馈指导及个性化的学习支持，有效促进学生的全面发展。在这一过程中，教学知识与技能的协同发展，是推动教师专业成熟的关键路径。

（2）教学技能与教学方法

教学方法与教学技能虽紧密相连，却各自代表着教育实践的不同面向。教学方法，实质上是一系列经过精心设计的步骤和策略，旨在有效地传达知识、激发学生兴趣并促进其学习。它是教师基于教育理论和实践经验，针对特定的教学目标、内容和学生特点，所选择和实施的一套有序的行动方案。教学方法强调的是"怎么做"，它包含了如何引入新概念、如何组织课堂讨论、如何评估学生理解等多种具体的教学流程和技术。

相比之下，教学技能更侧重于教师执行教学方法时展现出的专业能力。它涵盖了一系列具体的操作技巧，如清晰表达、有效提问、课堂管理、利用多媒体资源等。教学技能是教师个人特质、经验积累与教学方法相结合的产物，反映了教师在面对不同教学情境时，能够灵活应用所学知识和策略，以达到最佳教学效果的能力。

教学方法与教学技能之间存在相互依存的关系。一方面，丰富的教学方法为教师提供了施展技能的舞台，没有多样化的教学方法作为支撑，教学技能的展现将受限且单调；另一方面，高超的教学技能能够优化教学方法的实施效果，教师的个人魅力、专业判断力和创新能力，往往决定了同样的教学方法能否取得预期的教育成效。因此，教师对教学方法的深刻理解和熟练掌握，是其教学技能水平得以精进和展现的前提条件。

在教育实践中，教师应当不断探索和创新教学方法，同时锤炼和完善个人的教学技能。这不仅需要理论学习，更需要持续的反思与实践，通过反复试错和经验总结，逐步建立起一套既符合教育科学又适应自身风格的教学体系。如此一来，教学方法与教学技能的协同发展，将有力推动教师专业成长，提升教学质量，最终惠及每一位学生。

（二）职业院校教师教学技能的性质与特点

1. 职业院校教师教学技能的性质

从本质上看，教学技能是衡量教师专业素养的关键指标。专业素养，作为从事特定职业活动的基础，其卓越性直接反映在个体执行该领域任务的成效与速率上。对于职业院校的教师而言，教学技能不仅是他们专业身份的核心体现，更是实现教育目标、履行教书育人职责的基石。

提高教学技能，意味着教师能更有效地设计课程、传递知识、激发学生兴趣、评估学习成果及营造积极的学习环境。这一过程要求教师不断自我完善，包括深化对教学理论的理解，掌握最新的教育技术，以及培养良好的人际沟通能力。只有当教师具备了高水平的教学技能，他们才能真正地赋能学生，促进其全面发展，从而彰显教育的本质价值。

值得注意的是，尽管深厚的学科专业知识是成为优秀教师不可或缺的条件，但若缺乏有效的教学技能，教师即使在学术领域有着非凡造诣，也无法确保知识的有效传授和学生的充分理解。因此，职业院校的教师应当把提升教学技能视为专业成长的首要任务，这不仅是提升教学质量的关键，也是连接学术知识与实践教学的桥梁，确保教师能够在课堂上发挥最大效能，达成教育的根本目的。

总之，教学技能是教师专业发展的核心要素，它不仅关乎个人职业生涯的成功，更关系到学生学习体验的丰富性和有效性。通过不懈努力提升教学技能，教师能够更好地履行其教育使命——塑造未来社会所需的人才，为社会进步贡献力量。

2. 职业院校教师教学技能的特点

（1）外显性与内隐性统一

教师的教学技能展现了一种独特的二元特性——外显性与内隐性的统一。这种技能的外显性特征如同一面镜子，映射出教师在实施教学活动时的一系列行为模式。如材料的选择与编排等，这些都是直观可见且易于效仿的。然而，教学技能并非仅限于一系列机械化的动作序列，其核心在于驱动这些行为的内在心智活动，这部分则体现了技能的内隐性。

例如，在教学内容组织的过程中，教师对材料的甄选与布局并非随机而为，而是基于对学生学习状态的深刻洞察，以及对教学目标的精细考量。教师会依据学生的需求与认知水平，对教学内容进行剖析与逻辑重组，这一系列复杂的思考过程虽不为外界所直接察觉，却是教学技能的灵魂所在。

教学技能的内隐性活动，虽然难以直接观测，却可通过其对外显行为的影响得以推知。教师在课堂上的每一个决策与行动，都是内心思考与外部表现的完美融合，这种融合彰显了教学技能的复杂性与深度。

鉴于此，在理解和培养教师的教学技能时，特别是针对职业院校的年轻教师，我们不能仅仅停留在模仿外在行为的层面，而应该深入探究这些行为背后的思维逻辑与心理机制。唯有兼顾外显与内隐两个维度，我们才能实现教学技能的有效提升，确保不仅知其然，更知其所以然，从而在教育实践中展现出更为精湛的教学艺术。

总而言之，教学技能的外显性与内隐性相互依存，共同构成了其完整的面貌。对这一特性的全面认识与应用，有利于提升教师的专业能力和教学质量，是教师成长道路上不可或缺的指导原则。

（2）理论性与应用性统一

教学技能的本质在于其应用性，即在特定的教学情境下实施有效的教育活动。然而，教学技能的施展并非孤立的行为艺术，而是深深植根于教育理论的沃土之中。正如理念指导实践，教学技能中的行动策略应当建立在对相关理论的透彻理解和灵活运用之上。例如，教师致力于构建既能激发学生兴趣又能发挥教师专长的教学内容,不仅是对技能应用性的展示,更是理论指导下的理性实践。

在设计教学内容时,教师需要深思熟虑,探索如何平衡学生的学习动机与教师的教学风格,理解学科知识转化为教学内容的具体路径,以及选择恰当的材料来承载教学信息。更重要的是,教师需明晰"世界观、人生观、价值观"(三观)如何融入教学内容,使之成为教育的一部分。没有理论支撑的行动,犹如无源之水,设计出的教学内容可能缺乏深度与有效性。

因此,教师在组织教学内容时,若能遵循教育理论的原则,有条不紊地运用教学技能,便能体现出技能的理论性。真正的教学技能,不是简单拼凑的经验碎片,而是一个包含假设、推理与归纳的系统化理论框架,它赋予了教育行动以科学性和预见性。

教育理论与教学技能的有机结合,意味着理论分析为技能应用提供了坚实的逻辑基础,而技能的应用则实现了理论的价值转化。两者的统一,对于破解教育领域长期存在的理论与实践脱节的难题至关重要。长期以来,"两张皮"现象阻碍了教育理论的落地生根和教育实践的创新发展,损害了理论的权威性和教育的连续性。

教师通过理论与实践的深度融合,不仅能够消除理论与行动之间的鸿沟,彰显理论的实用价值,还能显著提升教育行动的质量,推动教育理论与教育事业的繁荣发展。此外,这对教师个人而言,意味着迈向专业化成长的关键一步,能够使教育理论学习更加深入,教育行为更加理性,从而持续提升教师的专业素养,促进教师职业生涯的成熟与完善。

二、教学技能对职业院校教师的意义

(一)教学技能是职业院校教师提高教学效果的手段

教师在课堂教学中的表现和成效,深受其个人特质与能力的影响。除了教师对待教学的态度,其在"教什么"与"怎么教"上的专业素养是决定教学质量的核心要素。当教师的智力与学科知识达到一定水平后,这些基本要素不再成为教学效果的主要制约因素。取而代之的是,教师的思维敏锐度、语言表达能力及组织教学活动的能力等教学技能。

教师的知识结构涵盖四个方面:本体性知识、条件性知识、实践性知识。本体性知识即教师在其专业领域内的深厚造诣;条件性知识涉及对教育学与心理学的理解;实践性知识则是教师在教学实践中累积的课堂管理与情境应对智慧;文化性知识则涵盖了教师的广泛人文素养。尽管深厚的学科知识是教学的基础,但研究显示,教师的本体性知识量与学生的学业成绩之间,并无明显的统计相关性。这表明,教师的本体性知识需达到一定标准，但过度追求广度并不直接带来教学效果的显著提升。

条件性知识，包括对学生心理发展、教学方法及评估技术的了解，被视为连接学科知识与教学实践的桥梁。近年来，教育界愈发认同，教师的学科知识与教育心理学知识对教学成效至关重要。教育内容知识，即教师整合教育学、心理学、学科知识与学生特性，是将这些知识转化为有效课堂教学的关键。因此，条件性知识是教师专业身份的基石，拥有此知识意味着教师初步具备了专业教学能力。

实践性知识，则是教师在面对具体教学挑战时所展现的课堂情境洞察力和问题解决技巧。条件性知识提供了原则性指导，而实践性知识则细化了这些原则，使之适用于具体的教学场景，是理论与实践结合的产物。

教学技能作为条件性知识和实践性知识的结晶，在教学活动中的影响力不可小觑。尤其是对职业院校的年轻教师而言，他们通常在本体性知识上已有坚实基础，但在条件性与实践性知识方面仍有较大发展空间。因此，加强对教学技能的关注与训练，对于提升教学效果有着至关重要的作用。通过强化教学技能，年轻教师能够更快适应教学环境，有效传递知识，激发学生兴趣，最终实现教学目标。

（二）教学技能是衡量职业院校教师专业成熟度的重要尺度

在当今这个高度专业化且分工明确的社会中，个人的职业地位、社会影响力及成就感，很大程度上取决于其专业成熟度。对于教师而言，专业成熟度可从三个维度来考量：教育专业视角、教育专业品质与教育专业技能。教育专业视角使教师能够透过教育的视角审视事物，形成独特的教育观；教育专业品质则关乎教师的教育信仰、理论素养及其在实践中对这些信念的贯彻程度；教育专业技能指的是教师在教学活动中的熟练操作或思维模式，它是教育专业视角与教育专业品质在行动上的体现。

在这三者中，教育专业视角确立了教师的价值取向，教育专业品质奠定了其教育深度，而教育专业技能则直接决定了教师的外在表现力。教育专业技能，特别是教师在教学中的技巧运用，往往是教师专业成熟度最为直观的展示，也是他们获得社会尊重、影响力与职业满足感的关键所在。

社会普遍认为，职业院校的教师是学术探索者，其职业成长往往与其学术研究能力挂钩。然而，即便身处学术氛围浓厚的环境，教师的本质角色依然是传授者，"教书育人"是其核心职责。一名真正成熟的专业教师，不仅需要拥有扎实的学科知识，更应具备相应的教学技能。因此，能否高效"教书"，特别是教学技能水平的高低，成为衡量职业院校教师专业成熟度高低的关键指标。这不仅体现在对知识的精准传授上，还在于能否激发学生的学习热情，引导其批判性思考，以及培养其独立解决问题的能力，这些都是教师专业技能的重要组成部分。

（三）教学技能是职业院校教师实现人生价值的直接前提

人生的旅程中，每个人都在追寻一种内在的驱动力，那就是个人的价值观。它形塑了我们生活的方向，行动的动力，以及我们对世界的感知。有人追求财富，有人渴望名声，有人珍视安逸，还有人热衷于无私的付出，这一切皆源自内心深处对生命意义的不同诠释。李商隐笔下的"春蚕到死丝方尽，蜡炬成灰泪始干"，这句话被广泛引用，以彰显中国教师群体对教育事业的献身精神和人生价值追求，形象而深刻。

对于职业院校的教师而言，幸福感与职业倦怠之间微妙的平衡点，在于他们日常教学活动中的体验。心理学研究表明，无论是幸福还是倦怠，都是个体在特定情境下情绪反应的表现。当教学过程顺利、成果斐然时，教师会感受到满足与快乐；反之，面对挑战与挫败，他们则容易滋生疲惫与不满。因此，教学的成效，成了影响教师情绪状态的关键因素。而在此过程中，教学技能的作用不可小觑，它直接关系到课堂的生动性，以及教师自身价值的实现。

掌握高超的教学技能，不仅能够确保课程的高质量，还能让教师在每一次成功的教学经历中收获成就感，从而强化其人生价值体验。对于刚刚步入教师行列的年轻教师来说，初期的教学体验尤为关键，它将产生"首因效应"，深刻影响其后续的职业态度与发展路径。因此，持续精进教学技能，创造更多积极的教学经历，是职业院校教师实现个人价值、追求职业幸福的明智之选。这不仅是教师对学生的负责，更是对自己专业成长与内心满足的承诺。

第二节　职业院校教师教学方法运用技能

一、教学方法的含义

关于教学方法的定义比较多，随便一本有关"课程与教学论"方面的教材都会给我们罗列许多种。一般来说，教学方法是教师和学生为了实现共同的教学目标，完成共同的教学任务，在教学过程中运用的方式与手段的总称，是教师进行教学，实现教学目的的重要保证。

（一）教学方法是实现特定教学思想的手段

在教学实践中，教师选用特定的教学方法绝非偶然之举，而是基于对教学理念的深刻理解与认同，结合对教学目标的预设，精心挑选出最适切的策略来实施教学。教学方法，本质上是教学理念的具体化，是教师将其对教学本质的认识转化为实践操作的桥梁。例如，讲授法，作为历史悠久且基础的教学方式，蕴含的是"教学即知识传递"的直观观念。而像支架式教学和互动教学等现代教学方法，则根植于建构主义理论，强调学习者的主动参与与知识建构。

这一观点提醒我们，在选择教学方法时，我们必须考量该方法背后的教育哲学，确认其与我们的教育目标及理念是否契合，以及我们对该理念是否有足够的理解和领悟。只有这样，我们才能避免教学活动的盲目性，确保教学效果符合预期，防止落入"方法主义"或"手段本位"的误区，即过分依赖教学方法本身，而忽视了其背后更深层的教学原则。

在职业院校的教育改革进程中，常常会出现某一种教学方法风靡一时的现象，尽管其受到广泛追捧，但若我们缺乏对这一方法承载的教学理念的深入理解，改革往往流于表面，难以触及实质，导致改革效果不尽如人意。如今，信息化教学和在线教育的兴起，同样蕴含着独特的教育理念。要真正发挥这些新型教学模式的潜力，教师必须深刻领会其核心思想，并据此选择恰当的教学方法，避免仅仅将传统教学流程简单移植至网络平台，否则我们不仅无法展现在线教育的优势，反而可能造成教学效果大打折扣，影响学生的学习体验和教育质量。

教学方法的选择与应用，应当建立在对教学理念的深刻理解和全面把握之上，如此我们方能在教学实践中实现真正的创新与优化，促进教育目标的有效达成。

（二）教学方法受教学目的的支配

在具体教学情境中，教学方法的选取紧密围绕着特定教学片段的目标展开，而不仅仅局限于单节课的范畴。这意味着教学方法承载着双重含义：首先，它必须响应教学目标的导向，确保所选方法与目标高度匹配。例如，在课程导入阶段，教师旨在激发学生的兴趣并促使他们将已有知识与新内容对接，此时，采用问题引导、直观演示或是适度练习会更为有效，而直接讲解则可能难以达到预期的引入效果。进入新知识传授阶段，重点转向激发学生的思考与自主探索，对话式教学或点拨式的讲授便显得尤为适宜。至于课程总结部分，总结性讲授则能帮助学生巩固所学，梳理知识点间的联系。

其次，教学方法之间并不存在绝对的优劣之分，每种方法都有其独特价值与适用场景。这一观点常在启发式教学的探讨中被误读，有些人将"提问"视为启发式教学的代名词，甚至认为讲授法与启发性无缘。然而，评判一堂课是否具备启发性，不应仅关注提问频率，现实中不乏提问泛滥却缺乏深度思考的课堂，同时也存在通过精妙讲授激发学生思维的优秀案例，因此，关键在于教师如何灵活运用各种方法，使其与教学目标相契合，创造真正富有启发性的学习环境。

总而言之，教学方法的选择应立足于教学目标，充分考虑学生需求与教学内容的特性，避免对方法的固有偏见。每种教学方法都有其独特优势，能否激发学生潜能、促进深度学习，关键在于教师能否根据具体情况精准施策，实现方法与目标的完美融合。

二、教学方法运用技能的含义

（一）教学方法运用技能的内涵

在教育实践中，教学方法运用技能被界定为教师在策划与执行教学活动时，针对特定教学方法进行的具体操作或进行思维的策略。这一概念如同"器"与"用"的关系，其中，"器"指的是教学方法本身，而"用"则涵盖了教师适时适地应用这些方法的艺术与技巧。以讲授法为例，作为一种常见的教学手段，它的核心在于通过口头表述传递知识；而讲授法运用技能，则涉及教师对何时启用讲授、如何调整讲授风格以适应不同学生需求的心智决策与行为表现。

教学方法运用技能不仅体现在外在的行动流程上，即那些能够被观察到的教学行为，如提问的方式、板书的布局等，更重要的是内在的心智活动，包括教师选择教学方法的依据、对方法有效性的思考、实施过程中的细节考量及适时地调整策略。这些心智活动关乎教学目的的明确、方法适用性的判断、执行要求的把握及步骤设计与监控的精细度，它们共同决定了教学方法能否发挥最大效能。

值得注意的是，教学方法运用技能并非孤立存在，而是与多种教学方法相呼应，形成了一个丰富的技能体系。虽然不同教学方法在运用技能上有着各自的特点——如讨论法强调师生互动与思维碰撞，实验法注重动手实践与观察验证——但它们也共享一些普遍原则，比如对学习者主体性的尊重、对反馈机制的重视及对教学情境的敏感度。因此，熟练掌握教学方法运用技能，意味着教师不仅能灵活驾驭单一方法，还能在不同方法间自如切换，结合课程内容与学生特点，创造出多维度、高参与度的学习体验。

（二）教学方法运用技能的意义

将教学方法运用技能作为独立研究领域，不仅能够推动教育学理论的发展，还能显著提升教师的专业素养与教学质量。以往，教学方法与教学方法运用技能常常被混为一谈，被置于同一框架下讨论，这导致了我们对教学实践深层理解的缺失。具体而言，我们将焦点集中于教学方法运用技能具有以下两方面的深远意义：

首先，它开辟了教学研究的新疆界，促使研究者深入探索教学过程中的细微差别。过去，教学方法的讨论往往侧重于方法本身，忽视了实施过程中的灵活性与技巧性。明确区分教学方法与运用技能，能够引导教育工作者从方法的机械应用转向对运用策略的精确掌握，从而避免了对特定教学方法的盲目推崇或全盘否定。这种方法论上的转变，有助于形成更为细致、操作性强的教学指南，为教育研究带来深度与广度的双重提升。

其次，强化教学方法运用技能的研究与实践，对于提升职业院校教师的专业水平具有不可估量的价值。教师不再仅关注选择何种教学方法，更注重如何巧妙地将选定的方法融入具体的教学情境中。这种转变促使教师在设计课程、组织课堂互动及评估学习成果时，展现出更高的专业判断力与创新精神。通过精细考量教学方法的运用细节，教师能够更准确地诊断学生的学习需求，调整教学策略，确保教学目标的有效达成。此外，教师专业成长的过程中，其对教学方法运用技能的重视成为自我反思与自我持续改进的重要驱动力，进而推动整个教育体系向更高层次发展。

将教学方法运用技能确立为独立研究对象，不仅是对传统教学理论的补充和完善，更是对教师角色与能力的重新定位，旨在培养更加敏锐、灵活且高效的教育实践者。

（三）教学方法运用技能遵循的原则

1. 思想性和伦理性原则

教学方法运用技能蕴含着深刻的思想性和伦理性，这实质上是对"教学的教育性"原则的传承与践行。教育的本质在于引领个体向着高尚的道德情操和正确的社会价值前进，因此，无论选用何种教学方法，都应当将培养学生的正直品格、社会责任感及积极向上的生活态度作为核心考量。这不仅反映了教育的根本目的——立德树人，也是对教育伦理精神的坚守。

具备高度思想性和伦理性特征的教学方法运用，要求教师在教学设计与执行中，始终秉持促进学生全面发展的宗旨。这意味着，教师不仅要传授知识技能，更要通过教学活动传递正确的价值观，激发学生的内在潜能，引导他们形成健康的人格特质。在面对不同的教学情境时，教师应优先选择那些能够激发学生正面情感、鼓励批判性思维、促进社会适应能力提升的教学策略。

值得注意的是，教学方法运用的目的并非单纯地进行知识灌输，而是要达到教育的真正目的——通过正面引导，促进学生的自我完善与社会和谐。这就要求教师在运用各种教学方法时，应当注重培养学生的自主学习能力、合作精神及解决实际问题的能力，而非仅仅局限于知识的单向传递。通过精心设计的教学活动，教师可以有效地激发学生的好奇心、创造力和同理心，使他们在获取知识的同时，学会如何成为一个有益于社会的公民。

总之，教学方法运用技能的思想性和伦理性是教育工作不可分割的一部分，它们确保了教育活动的正向价值导向，是实现教育目标的关键所在。教师作为教育的实施者，有责任在日常教学中不断探索和实践，以科学合理、富有创意的方式，将思想性与伦理性贯穿于教学的每一个环节，从而助力学生全面发展，成就美好的未来。

2. 对象性原则

学生作为教学活动的核心，其主体地位决定了教师在选择教学方法时，必须以学生为中心，时刻关注他们的学习状态和需求。这一理念体现在教学设计阶段，教师需深入理解学生的知识背景、兴趣偏好及学习风格，以此为基础精心挑选适宜的教学策略。只有当教学方案紧密贴合学生实际情况时，教师才能激发学生的学习热情，促使他们积极参与到教学互动中，成为主动的学习者而非被动的接收者。

在实际课堂教学中，教师的角色更像是一位敏锐的观察者与灵活的引导者。他们需用目光覆盖整个教室，捕捉每位学生的反应，理解其非言语信号，及时调整教学节奏与方法，以确保教学内容能够被所有学生有效吸收。同时，教师还应特别留意那些可能需要额外帮助的学生，通过个性化指导满足他们的特定学习需求，这是实现因材施教、促进每个学生发展的关键步骤。

在这样的教学模式下，课堂变成了一个生动的交流场域，教师与学生之间的互动不再局限于单向的信息传递，而是一种双向的、充满活力的沟通。学生在这种"交往"氛围中，能感受到教师的关怀与尊重，进而产生强烈的归属感和参与感，更愿意全身心地投入学习活动中。教师的每一次讲解、示范或提问，都能得到学生的积极响应，教学效果也因此得以显著提升。

教学方法运用技能的核心在于教师如何巧妙地调动学生的积极性，使其在学习过程中始终保持高度的专注与热情。这不仅需要教师具备深厚的学科知识与教学技巧，更重要的是教师要拥有一颗对学生充满理解和关爱的心，以及一双能够洞察学生细微变化的眼睛。唯有如此，教师才能在教学中真正做到以学生为中心，让每一位学生都能在学习的旅程中获得成长与收获。

3. 生成性原则

生成性教学理念的核心，聚焦于学生如何在教育过程中将个人经验和新知识融合，构建独特且深刻的理解，实现心智的成长。这一过程犹如种子在适宜条件下萌芽生长，逐渐形成繁茂的生命体，学生在学习旅途中的每一步探索与领悟，都是其内在认知结构不断丰富和完善的表现。

在教学方法的运用上，教师扮演着园丁的角色，细心培育每一颗求知的种子。这意味着在设计与实施教学活动时，教师需充分尊重学生的主体地位，注重激发其内在的学习动力，鼓励他们主动调用已有经验，与新知识进行对话。通过创设问题情境、开展探究活动、促进同伴讨论等方式，教师可以有效地引导学生经历"愤启悱发"的过程，即在遇到疑惑时自我思考，在接近解答时适当点拨，而不是简单地灌输答案。这种教学策略不仅有助于学生掌握知识，更能培养其批判性思维与解决问题的能力。

"不愤不启，不悱不发"这一古训，恰当地概括了生成性教学的本质。它强调在学生尚未完全领悟但又渴望突破的临界点给予适时的启发，避免过早揭示答案，从而剥夺学生独立思考的机会。教师的任务在于搭建支架，为学生提供必要的支持与资源，让他们在安全的环境中挑战自我，体验从困惑到顿悟的喜悦。当学生能够在教师的引导下，通过自身努力解开知识的谜团，其学习成果将更加坚实且持久，内心也会生发出对学习的热爱与自信。

总而言之，生成性教学追求的不仅是知识的传递，更是智慧的启迪与人格的塑造。教师在运用教学方法时，应当致力于构建一种动态、开放的学习环境，让学生在其中自由地探索、勇敢地尝试，最终实现个人潜能的最大化，成长为具有独立思考能力和创新精神的终身学习者。

4. 合理性原则

在教育实践中，教学方法的选择与应用被视为一门艺术与科学相结合的专业技能，它要求教师能够深思熟虑、精准判断，确保所采用的方法既能有效促进学生学习，又能贴合课程目标与学生需求。成熟教师在教学方法的运用上，往往遵循严谨的逻辑与原则，这不仅是对专业知识的尊重，也是对学生学习效果负责的表现。

随着教师职业化的推进，教学活动不再局限于传统模式，而是被赋予了更多创新与个性化的元素。然而，无论教学形式如何变化，其核心始终围绕着促进学生理解和掌握知识、技能，以及培养其批判性思维和解决问题的能力。因此，选择恰当的教学方法变得至关重要，它需兼顾教学目标的达成、教学内容的性质、学生的发展阶段及其学习偏好等因素。

以讲授法为例，这是一种常见的直接教学方式，适用于传达系统性及理论性较强的知识内容。但讲授并非简单的单向输出，而是一种精心设计的交流过程。优秀的讲授应具备清晰的逻辑结构、生动的语言表达、适时的问题提出，以及与学生互动的环节，旨在激发学生的好奇心，引导他们主动思考，而非被动接受。此外，讲授的内容需精心挑选，确保其既涵盖核心知识点，又能引发学生兴趣，促进深度学习。

教师在运用讲授法时，还应关注学生的反馈，适时调整教学策略，以适应不同学习者的需要。例如，对于抽象概念，教师可通过类比、实例分析方法帮助学生建立直观理解；面对复杂问题，教师则可采用分步解析方法，逐步引导学生掌握解题技巧。总之，合理的教学方法运用需基于对教学原理的深入理解，结合具体情境灵活变通，旨在创造一种既有序又富有活力的学习环境，使学生能在教师的引领下，高效吸收知识，同时培养自主学习的能力，为终身成长奠定坚实基础。

第三节　职业院校教师教学设计技能

一、教学设计与职业院校教师教学设计技能

（一）教学设计的内涵与意义

1. 教学设计的内涵

提及教学设计，虽然多数教育工作者对此概念耳熟能详，但在深入探讨其精粹时，他们可能会发现这一术语远比"备课"二字所承载的意义更为丰富与深刻。教学设计的本质在于其系统性和目的导向性，它是教师在正式授课前，基于对教育目标的清晰认知，制定出详尽且有效的教学规划的过程。

这一系统化的设计流程，旨在确保教育活动不仅有序开展，而且能够精准对接学生的学习需求，促进其全面发展。教学设计的核心，实质上是对"教什么"与"怎么教"的深度考量。"教什么"聚焦于教学目标的确立与教学内容的甄选，而"怎么教"则涵盖了对学生学习背景的细致分析、教学材料的合理编排、教学策略与方法的巧妙融合、多媒体技术的适当引入，以及对教学成效的持续评估与反馈。

教师在进行教学设计时，需依托教育学与心理学等相关理论，运用系统方法论，全面洞察学生的学习状态，识别并分析潜在的教学难题，设定明确的教学目标。在此基础上，教师构建并实施一系列旨在解决教学问题的策略方案，同时通过定期评估与修正，确保教学活动能够达到预期的效果，促进学生知识的掌握与能力的提升。

教学设计是教育工作者的一项专业技能，它要求教师能够综合运用多学科知识，以学生为中心，系统规划教学活动，从而使学生获得高效、有意义的学习体验。这一过程不仅体现了教师对教育事业的深刻理解与敬业精神，更是现代教育理念与实践智慧的集中展现。

2. 教学设计的意义

教学设计在提升教育教学效果中的作用不可小觑，尤其对于初入教坛的新教师而言，它是连接理论与实践的桥梁，使他们能够自信满满地步入课堂，有条不紊地执行教学计划。对于职业院校而言，教学设计的重要性不言而喻，因为其教育目标、

学生特性、课程内容及教学流程均独具特色。尽管课堂教学常伴随不可预测的变化，但教师仍可通过周密的教学设计掌握主动权，预先规划，以应对课堂上的各种挑战，确保教学质量。

从教师专业成长的角度看，教学设计是教师自我提升的关键路径。它促使教师深化对教育理念的认知，增强对课堂节奏的掌控，锤炼表达技巧，培养科学严谨的问题解决思维。在设计教学的过程中，教师需细致分析学生的学习状况，明确教学目标，精心选择教学策略，灵活运用教学资源，这些环节的磨炼使得教师的专业素养和核心能力得以全面提升，为其成长为专家型教师奠定坚实基础。

教学设计亦是推进教学改革的催化剂。长期以来，课堂教学改革一直是教育革新的焦点，而教学设计作为确保课堂活动高效推进的基石，自然成了驱动改革深入的关键。面对职业院校普遍存在的"水课"现象——缺乏互动、创新和挑战性的课堂，教学设计提供了破局之道。通过精心设计，教师可摆脱对教材的过度依赖和经验主义的局限，转而创建充满高阶思考、创新探索和挑战机遇的"金课"，激发学生的求知欲，促进其深度学习。这不仅需要教师教学方式的革新，也呼唤学生学习模式的转型。由此，教学设计不仅提升了课堂质量，还加速了教育改革的步伐，引领职业院校教育迈入更加高效、创新的时代。

（二）职业院校教师教学设计技能的含义、内容和特点

1. 职业院校教师教学设计技能的含义

在职业院校教育体系中，教师的教学设计技能被视为连接教育理论与实践操作的纽带，是确保教学品质与效能的核心要素。这种技能不仅涉及对教学目标、课程框架、教学素材及学生学习状态的全面洞察，还囊括了针对具体授课情境制订连贯且有针对性的教学计划的能力。在课程正式展开前，教师需依托于对上述要素的深刻理解和精心考量，来架构教学流程，确保每一教学环节都能有效促进知识传递与技能培养，这一过程即教学设计技能的体现。

值得注意的是，教学设计技能并非单一的行为模式，而是融合了理论知识、实践经验与创新思维的复合体。它要求教师不仅要熟练掌握教学设计的基本原理与技术，更要具备一种结构化、全局化与模块化的思考方式。这意味着教师在规划教学时，需将课程内容视为一个有机整体，同时考虑到各部分内容间的逻辑联系，以及如何通过分块教学来优化学习体验。教学设计技能的成熟，标志着教师能够将理论、方法与思维模式无缝结合，创造出既符合教育规律又满足学生需求的教学方案。

职业院校教师的教学设计技能是一种集理论素养、技术应用与创新思维于一体的综合能力，其高水平发挥直接关系到课程教学质量，对实现职业院校教育目标具有至关重要的作用。通过持续精进这一技能，教师不仅能够提升个人的专业素养，

还能有效促进学生的全面发展，为社会输送更多具备扎实技能与良好职业素养的人才。

2. 职业院校教师教学设计技能的内容

鉴于教学设计本质上的多元化与精细化，职业院校教师所需掌握的教学设计技能必然是一个多面向、多层次的综合体。这不仅关乎教学设计的根本理念，还覆盖了从策略制定到执行评估的整个教学周期。具体而言，教师的教学设计技能涵盖了一系列关键领域：

目标界定：清晰定义教学目的与预期成果，确保教学活动紧密围绕既定目标展开。

内容策划：甄选与组织适宜的教学材料，使之既贴合教学目标，又能激发学生兴趣，促进深度学习。

流程编排：构思并细化教学步骤，构建有序、高效的学习路径，使知识传授与技能训练有条不紊。

方法运用：灵活采用多样化的教学手段，如讲授、讨论、实验、案例分析等，以适应不同教学场景与学生需求。

资源整合：选择与利用合适的教学媒介和技术工具，提升教学互动性与信息传递效率。

作业设计：开发针对性的作业与练习，用以巩固课堂所学，同时检验学生掌握程度。

效果评估：建立有效的评价机制，定期反馈教学成效，及时调整教学策略以优化教学效果。

上述各项技能相互依存，共同构成了职业院校教师教学设计技能的完整图谱。它们在实际教学设计过程中交织融合，要求教师不仅要有扎实的学科知识基础，还要具备先进的教育理念、丰富的教学经验和敏锐的观察力，以确保每一次教学设计都能够精准对接学生的学习需求，促进其全面发展。通过不断磨炼与实践，教师可以逐步完善自身教学设计技能，进而显著提升教学质量，为学生创造更加丰富、高效的学习体验。

3. 职业院校教师教学设计技能的特点

鉴于教学设计固有的系统性和综合性特质，职业院校教师的教学设计技能呈现出独特的双维特征。首先，教学设计被视为一个连贯的系统工程，旨在将教育活动视为一个整体，从全局角度进行精心规划、执行与反思。这一系统性要求教师在设计教学时，必须将所有相关元素——教师自身、教学内容、学生特性、教学资源及教学环境——视为一个动态交互的网络，通过系统化的视角整合这些因素，确保每一部分都能有效协同，共同服务于教学目标。教师需要运用系统思维，综合考量各种策略、方法和技术，以构建全面而精细的教学计划，并在实践中持续迭代，使之日益完善。

其次，教学设计技能的综合性体现在它汇聚了多领域的知识与技能，远非单一技能的堆砌，而是教师在深刻理解专业课程框架的基础上，灵活运用教育学原理、心理学理论，以及一系列教学技能的集成表现。这意味着教师不仅要精通学科知识，还要具备深厚的教育理论素养，能够娴熟驾驭师生互动、内容编排、方法创新和课堂管理等多维度技能。在这一过程中，教师的创造性至关重要，他们需将这些元素融会贯通，创造出既符合学生认知规律，又能够激发其学习热情的教学设计，从而实现教育的真正价值。

职业院校教师的教学设计技能是一种集系统思考与综合运用于一体的高级能力，它要求教师能够在宏观层面把握教学活动的整体脉络，同时在微观层面精雕细琢每个教学细节，最终打造出既科学严谨又生动活泼的教学体验。这一能力的培养，既是教师专业成长的重要标志，也是提升教学质量、促进学生全面发展的关键所在。

二、职业院校教师教学设计技能的要领

（一）教学内容的安排

1. 教与学

在教学的广阔舞台上，教与学并非孤立的行为，而是通过教学内容这一核心纽带紧密相连、相互塑造的。教学内容不仅是教师传授知识的载体，更是学生获取知识、发展能力的桥梁，它如同一座灯塔，指引着教与学的方向，其质量直接关系到教学活动的有效性和学生学习成果的丰饶度。

优质的教学设计体现"以学定教，以教引学"思想，即在规划教学内容时，教师始终立足于学生的实际需求与认知特点，精心考量如何激发学生的学习兴趣，形成有效的学习策略。这种设计思路强调，每一个教学单元都应内含教师指导的智慧与学生自主探索的空间，实现二者间的和谐共生。简而言之，教学内容中蕴含着教师"教"的艺术与学生"学"的动力，它们相辅相成，共同编织出教学互动的精彩篇章。

因此，优秀的教学设计在构思教学内容时，总是双管齐下：一方面，它关注教师如何有效地呈现知识，激发学生的好奇心和求知欲；另一方面，它重视学生如何在教师的引领下主动建构知识，掌握学习方法。通过这样的设计，教学内容成为教与学之间沟通的媒介，促使两者在深度互动中达到完美的统一，从而最大化教学效

果，促进学生全面发展。

2. 基础与前沿

职业院校的教学特色在于其高度的专业针对性，要求教学内容能够与时俱进，反映行业的尖端理论与实践。这使得教学内容的更新成为持续性的挑战，尤其是考虑到知识的快速迭代与学科的不断演进，"更新"成了一个永无止境的过程。对于学生而言，他们主要的任务是构建扎实的专业基础，掌握核心技能，为未来职业生涯铺路。然而，这往往在"基础"与"前沿"之间划出了界限，令教师在教学设计时面临选择的困境。

我国的职业院校普遍追求"追赶"式的教学内容更新，试图将最前沿的学科知识融入课程。但这种做法往往陷入一个循环：刚纳入的教学内容很快就被新的研究成果所超越，导致知识的"新鲜度"难以保持。面对"基础"与"前沿"之间的平衡难题，教师可以从以下三个角度着手解决。

动态更新机制：从以往的静态更新模式转变为持续的动态调整，确保教学内容能够及时反映行业变化，这是当前职业院校正在积极探索的方向。

问题导向与推导性教学：采用问题驱动的方式，设置通往学科前沿的路径，鼓励学生从已知出发，探索未知领域。这种方法不仅使课程内容保持活力，还能激发学生对学科前沿的兴趣和探索精神。

转变教学思维：思考教学的本质是教师单向传递最新知识，还是激发学生自主追求和探索最新知识的能力。若采取后者，教师可在教学中融入研究性学习，培养学生的批判性思维和自主学习能力，让学生在探索过程中实现自我成长，从而使教学内容保持常新，同时达成基础与前沿的和谐统一。

通过这些策略，职业院校不仅能提升教学内容的时效性和适用性，还能培养学生面对未来挑战所需的创新能力和终身学习的习惯。

（二）教学过程的设计

1. 导入部分的设计

万事开头难，但良好的开始等于成功了一大半。这句话尤其适用于职业院校的课堂教学环境。在当今时代，大学生面临着众多干扰，许多人踏入教室后，往往会拿出手机消磨时间或昏昏欲睡，对课程内容缺乏期待。因此，教师需要在课程伊始就施展魅力，吸引学生的目光，集中他们的注意力，点燃他们内心的学习热情，与他们建立情感上的连接，共同开启探索知识之旅。

为了达到这一目标，教师可以采用多种策略精心设计课程导入部分。

1. 激发兴趣的设计：利用好奇心作为切入点，通过提出引人入胜的悬念、讲述贴近学生生活的故事、引入热门话题、再现学生熟悉的日常生活场景等方式，教师将课程主题与学生的实际经验紧密结合，激发学生的好奇心和学习动力。

2. 诱发思维的设计：遵循"学始于思，思因疑而起"的原则，教师可以设计一些富有挑战性的问题，构造复杂的案例分析，或是引入与先前学习内容看似矛盾的观点，引发学生的疑问和思考，促使他们主动探索答案，培养批判性思维和解决问题的能力。

3. 吸引注意的设计：特别是在实验或实践类课程中，教师可以利用直观展示的手段，如展示与课程主题相关的实物模型、生动的视频片段、精美的图片或现场演示实验过程，通过视觉和听觉的双重刺激，迅速吸引学生的注意力，帮助他们从具象理解过渡到抽象概念的把握，增强学习体验。

通过上述方法，教师不仅能够有效提升课堂的吸引力，还能促进学生积极参与，提高学习效率，使课堂成为一个充满活力和创造力的学习空间。

2. 主体部分的设计

课堂主体部分是教师传授知识、培养学生技能的核心环节，其设计的质量直接关系到教学成效。为了确保这一环节既充实又高效，教师应着重考虑以下几个关键点，尤其是在职业院校的教学环境中。

强化基础知识与技能的掌握：每一堂课都应致力于加深学生对专业理论知识的理解，以及提升其实践操作能力。教师可通过互动式讲解、案例研究、小组讨论、实操练习等多种形式，确保学生能够扎实掌握课程的核心知识点，并能将其灵活运用到实际情境中。

激发思维与心灵启迪：职业教育强调培养学生的创新思维和批判性思考能力。因此，教师应避免单向灌输式的教学，转而采用提问引导、头脑风暴、角色扮演等互动教学法，鼓励学生积极表达个人观点，参与问题的分析与解决，从而锻炼其独立思考和团队协作的能力。

构建多样化课堂结构：为了维持学生的兴趣和注意力，课堂应具备一定的动态性和趣味性。教师可根据不同教学内容，灵活运用多媒体辅助教学、在线资源、实地考察、模拟游戏等多种教学资源和技术，创造出既有深度又不失活泼的课堂氛围。适时变换教学模式，如从讲授转向研讨，或从个体学习过渡到小组合作，这有助于学生保持较高的参与度和学习热情。

通过上述策略，教师不仅能有效传递专业知识，还能促进学生全面发展，培养其成为具有专业素养、创新精神和社会责任感的职业人才。

3. 结尾部分的设计

通过令人回味的课堂结尾，学生不仅能够巩固所学知识，还能激发持续学习的兴趣与动力。教师在结束课堂时，可以采取以下几种策略来实现这一目标。

总结梳理式结尾：教师通过归纳和整理本堂课的关键知识点，帮助学生构建清晰的认知框架，理解知识间的逻辑联系。这种方法能够加强记忆，确保学生准确把握课程的主旨与核心概念，为未来的深入学习奠定坚实基础。

提炼升华式结尾：在传授了基础内容后，教师应进一步深化主题，将课程内容与更广泛的社会背景、行业趋势或理论前沿联系起来，提出开放性问题或指出未来研究方向，以此激发学生的思考与探索欲。这种结尾方式能够拓展学生的视野，培养其批判性思维和创新能力。

展示讲评式结尾：尤其适用于实验、设计或创作类课程。学生的作品展示与教师的点评，不仅反馈了学习效果，也提供了改进的方向。选择具有代表性的作品进行分析，既可以表扬优秀，也可通过案例教学，共同学习如何克服常见的问题与应对相应的挑战。

综合运用这些结尾策略，教师可以根据课程性质、学生群体的特点及自身的教学风格，灵活调整，创造出既能回顾总结又能激发新思考的课堂结束语。良好的结尾不仅能够让学生带着满足感离开教室，还能促使他们在课后继续探索与反思，从而感受教育的深远影响。

第四节　职业院校教师信息化教学技能

一、信息化教学环境使用技能

信息化教学环境是由一系列硬件和软件资源构成的综合体系，旨在通过信息技术的应用优化教学过程，促进学习效果的提升。硬件方面，它涵盖了多媒体教室，配备有投影仪、互动白板和音响系统，用于演示和互动教学；语言实验室，提供专业的语言学习工具和环境；多媒体网络教室，通过互联网连接，支持远程教育和在线协作。此外，计算机实验室和各类专用工作室也是不可或缺的一部分，它们配备了专业软件和工具，服务于特定学科的教学需求。

软件系统则包括网络教学平台，如学习管理系统，支持课程发布、作业提交、在线测试等功能；教学 APP，为移动学习提供便利，覆盖从课程预习到复习的全过程；电子阅览室和数字图书馆，提供丰富的电子书籍、期刊文章和其他数字化学习资源，拓宽了学生的知识获取渠道。这些软件系统不仅丰富了教学手段，也促进了个性化学习和自主学习的发展。

（一）硬件的使用技能

1. 普通多媒体教室

普通多媒体教室的核心组件构成了一个高度集成与功能多样的教学平台，旨在提供丰富且直观的学习体验。

多媒体计算机扮演着中枢神经的角色，作为多媒体教室的"大脑"，它负责运行各种教学软件和多媒体课件，是信息处理与呈现的关键。

多媒体显示设备作为"门脸"，确保了教学内容能够生动、清晰地传达给学生。传统上，这通常涉及投影仪和屏幕的组合，但随着技术进步，集显示与交互于一体的液晶触控一体机开始崭露头角，它不仅简化了教室布局，还可能内建计算功能，进一步提升了教学效率和互动性。

中央控制系统（中控系统）则如同指挥家，通过系统集成的方式，将多媒体教室内的各设备操作统一于一个界面，教师能轻松掌控整个教学环境，实现对投影、音频、灯光等的集中管理。

实物视频展示平台是对传统幻灯机的现代诠释，它允许教师展示实物、图片或书籍，将其转化为可放大、分享的视觉资料，增强了教学的直观性和实用性。

音响设备包括话筒、调音台和扬声器，确保了声音清晰无误地传递，无论是教师的讲解还是多媒体材料中的音频内容，都能达到最佳听觉效果。整体而言，这些组件协同工作，共同构建了一种既先进又实用的多媒体教学环境。

2. 交互式电子白板多媒体教室

随着教育科技的不断演进，传统多媒体教室正逐渐向更加互动和智能化的方向转型，其中，交互式电子白板的加入无疑是一大亮点。这种白板不仅能够接收并显示来自多媒体计算机的信息，还能通过背投投影机呈现大屏幕的可视化教学内容，结合专门设计的教学软件，创造出一种动态且互动性强的教学环境。

交互式电子白板的引入，极大地丰富了教学手段，其独特的功能让课堂变得更加生动有趣：

注解与编辑功能：教师可以直接在白板上进行实时标注、书写文字或公式，无须离开讲台就能即时引入各类数字化资源，并对多媒体素材进行即兴编辑，大大提高了教学的灵活性。

绘图功能：内置的学科工具、元件和仪器图形库，让教师能够快速调用所需图片，或是直接在白板上进行自由绘图，增强教学内容的表现力。

聚焦与强调工具：放大镜、探照灯和截图等功能，使教师能够突出关键细节，引导学生的注意力集中在重点概念上，加深对知识的理解。

存储与回放功能：所有在白板上的创作，包括文字、图表和多媒体元素，均可以保存为文件，便于后续复习或与同事分享经验，同时，回放功能有助于学生巩固学习成果，也方便教师自我评估与改进教学方法。

打印功能：与打印机无缝对接，只需简单操作即可实现内容的即时打印，无论是彩色还是黑白模式，都极为便捷。

交互式电子白板的多功能特性显著提升了课堂教学的质量和效率，为师生创造了更多探索与创新的空间。

3. 网络多媒体教室

网络多媒体教室，亦称计算机实验室或机房，是一种由多台相互连接的计算机及相应的辅助设备组成的教学空间。这类教室的核心组成部分包括服务器、教师用多媒体计算机、学生用多媒体终端及网络适配器（网卡）等，它们共同构建了一个高效的信息交流平台。

网络多媒体教室的网络架构既可以是局限于一定物理范围内的局域网，也能接入更广泛的互联网，这使得教育资源的获取与分享不再受地域限制，极大地拓展了教学的边界。教师和学生可以通过这一平台访问丰富的在线资源，进行远程协作，参与虚拟实验，或是开展跨地域的学习项目。

为了满足不同学科的教学需求，许多职业学校和高等教育机构进一步深化了网络多媒体教室的应用，创建了一系列专业化教学实验室。例如，语言实验室配备有先进的语音识别与反馈系统，旨在提升学生的听说能力；音乐实验室则配备了专业的音频处理软件和乐器模拟器，帮助学生掌握音乐理论与实践技能。这些专业化的教学空间，借助于网络多媒体教室的基础架构，为学生提供了更为沉浸式和个性化的学习体验，促进了教育质量的全面提升。

4. 智慧教室

智慧教室，作为现代教育技术的集成的体现，是融合了传感技术、物联网、人工智能、多媒体、云计算等前沿科技的智能化教学场所。它不仅涵盖了实体教学空间，还延伸至数字化学习环境，通过智能设备的运用，使教学内容生动呈现，学习资料易于获取，课堂互动更加丰富，同时具备环境感知与智能管理的能力，创造出一个既人性化又充满智慧的互动学习空间。

智慧教室的核心在于其综合了多个智能子系统，包括但不限于：

教学系统：集成了电子白板、触控投影、音响设备、无线麦克风等，支持无尘教学，增强师生互动。

LED 显示系统：实时展示课程信息、环境数据等，如温湿度、光照强度和二氧化碳水平，为教学环境提供直观反馈。

人员考勤系统：实现自动化考勤，身份验证，保障教学秩序。

资产管理系统：监控设备出入，防止未经授权的资产流失。

灯光与窗帘控制系统：基于人体感应，自动调节光线，节能且舒适。

空调控制系统：依据温湿度自动调节，营造宜人的学习氛围。

门窗监视系统：监控门窗状态，增强安全防范能力。

通风换气系统：根据二氧化碳浓度自动换气，保持空气清新。

视频监控系统：确保教室内外的安全，记录教学实况。

智慧教室通过上述系统的协同工作，实现了本地与远程教学的无缝对接，优化了人与环境的交互方式，推动了个性化、开放性和泛在性学习模式的发展，为教育现代化注入了新的活力。

（二）软件的使用技能

信息化教学软件极大地丰富了教育手段，促进了学习方式的多样化。下面我们着重介绍两类在教育领域内广泛应用的软件类型——慕课（MOOC）平台与虚拟现实课堂。

1. 慕课平台

慕课，全称为"大规模开放在线课程"，是一种突破传统教育界限的在线学习模式。这类平台通常允许全球范围内的学习者免费注册并参与课程，打破了地域和人数的限制。慕课课程涵盖各种学科，从人文科学到工程技术，应有尽有。参与者可以通过观看视频讲座、阅读教材、完成作业、参与论坛讨论等方式进行自主学习。许多慕课平台还提供证书认证服务，以证明学习者的课程完成情况。

我们使用慕课平台学习，首先需要注册账号，然后浏览课程目录选择感兴趣的课程。一旦报名，我们便可以按照自己的进度开始学习。平台通常会设定课程的开始和结束日期，但学习者可以根据个人时间安排灵活调整学习节奏。

2. 虚拟现实课堂

虚拟现实（VR）技术在教育领域的应用正逐渐普及，虚拟现实课堂是这一趋势下的产物。它通过模拟真实世界或构建想象中的场景，为学生提供一种身临其境的学习环境。虚拟现实课堂能够增强学生的沉浸感，激发他们的学习兴趣，同时提供更直观的教学体验。

在虚拟现实课堂中，学生佩戴 VR 头盔，手持控制器，即可进入虚拟环境。教师可以创建 3D 模型、历史场景、科学实验等多种情景，让学生在其中自由探索、互动。这种形式不仅适用于理科实验，也适合语言学习、艺术创作等多方面的教学。虚拟现实课堂的互动性还体现在学生可以直接与虚拟环境中的物体进行互动，或者与其他同学协作解决问题，从而提升团队合作能力和实践技能。

慕课平台和虚拟现实课堂都是利用信息技术推动教育创新的重要工具，它们改变了传统的学习模式，让教育变得更加灵活、高效和有趣。

二、信息化教学设计技能

信息化教学，作为现代教育体系中不可或缺的一环，强调在数字化环境中，教育者与学习者通过整合先进的教育技术、多媒体资源及互联网平台，共同参与教学互动。这一模式的成功实施，核心在于巧妙设计教学活动，使之既符合教育目标又能充分利用信息技术的优势。信息化教学设计，作为这一过程的灵魂，扮演着至关重要的角色，它是连接理论与实践的桥梁，不仅确保教学活动丰富多彩，而且高效达成教育目的。

信息化教学设计技能，被视为教育者必须掌握的一项核心技能，它要求教育者能够深入理解教学内容，精准把握学习者需求，同时熟练运用各种教育技术工具，如智能白板、在线协作平台、虚拟实验室等，来构建富有吸引力且能促进深度学习的教育环境。此外，设计者还需具备评估与调整教学策略的能力，确保教学活动能够灵活适应不断变化的学习情境和技术更新，从而最大化地发挥信息化教学的潜力，为学习者创造最佳的学习体验。

（一）信息化教学设计的含义

尽管学术界对于信息化教学设计的确切定义存在不同观点，但他们的核心理念却是共通的：这是一种融合了教育学原理，依托于数字技术和信息资产，聚焦于学生主动学习，且由教师引领的教学创新方式。它强调设计思维的重要性，将教学流程的每个环节都视为可优化的对象，旨在显著提升教学成效。

我们可以这样界定信息化教学设计：这是一种系统性的规划活动，它植根于教学理论、认知科学与教育技术的交叉点，致力于通过分析、规划与部署教学目标、内容、媒介、策略及评估机制，来充分利用信息时代的教学资源与环境，其终极追求在于创造一个既高效又吸引人的学习空间，使知识传递更加生动有效，满足 21 世纪教育的需求与应对随之而来的挑战。

（二）信息化教学设计的原则

信息化教学设计超越了传统教学与技术的机械组合，它是对教育理念与实践的深度革新，旨在适应信息社会的学习者特性和学习法则。这一设计框架遵循六大核心原则，以构建适应未来教育需求的教学模式。

1. 以学定教，凸显主体

教学设计需紧贴学生现状与成长潜能，确保教学目标、内容与策略贴合学生认知发展。采用"情境驱动""任务导向"与"问题解决"等策略，激活学生自主学习的动力，同时，教师角色转型为指导者与促进者，适时调整教学方案，以学生为中心推进学习进程。

2. 资源适配，工具得当

信息化教学设计需精挑细选信息资源与工具，确保它们与教学目标和内容无缝对接。从微课、PPT 到 AI 与 VR，每种工具都有其独特优势，教师应考量自身技术熟练度，合理选用，以增强教学效果。

3. 视听融合，情境共鸣

充分利用视听媒体创设教学情境，需深谙视听规律与学生的认知特点，避免无关音视频干扰，确保视听体验与教学内容相辅相成，激发学生兴趣与深层思考，达成视听与思维的和谐共存。

4. 兼顾全体，尊重差异

在追求整体教学目标的同时，教师应注重个体差异，为不同层次学生定制个性化学习路径，既激励先进生挑战自我，又确保后进生不被落下，助推集体与个人发展目标的双重实现。

5. 交互协作，共建知识

强化多媒体交互功能，促进师生、生生间及人机互动，构建协作学习环境。通过资源共享、知识讨论与团队合作，学生能在互动中深化理解，协同解决问题，实现知识的共创与建构。

6. 动态评价，持续优化

结合现代信息技术，如大数据、云计算等，实施过程性评价，动态监测教学成效，及时反馈调整教学策略，形成闭环优化机制，保证教学设计的时效性与适应性。

信息化教学设计不仅关注技术与教学的融合，更重视以学生为中心的教育理念，通过灵活运用资源、工具与策略，营造富有吸引力与互动性的学习环境，促进学生全面而个性化地成长。

（三）信息化教学设计的步骤

信息化教学设计虽植根于传统教学设计的基本框架，但在具体实施中，它巧妙融入信息技术与信息资源，以提升教学效能与优化学习体验。以下是这一设计流程的核心步骤，彰显了其"信息化"特色。

1. 教学内容分析

重点考察如何通过多媒体呈现知识，确保信息传递的有效性并增加知识的吸引力。例如，抽象概念可通过动画模拟，实验过程则可借助虚拟实验室重现，使内容呈现方式与知识性质相匹配。

2. 教学对象分析

运用大数据分析学生的学习偏好与行为模式，识别其兴趣点与学习障碍。课前调研、课堂互动数据收集与课后反馈分析，均可采用信息化工具，如学习管理系统和智能分析平台，以获得更深入的洞察。

3. 教学方法设计

结合教学理论、师生特质与信息资源属性，精心挑选信息化教学策略，如翻转课堂、混合式学习、游戏化学习等，旨在提高参与度与学习效率。

4. 教学过程设计

利用信息化手段如在线协作平台、智能白板、虚拟现实技术等，打造沉浸式学习环境，增强师生互动与同伴合作。教师的设计应鼓励学生主动探索与知识建构，通过案例分析、项目式学习等方式深化理解。

5. 教学评价反思

结合定性与定量评价，运用大数据分析与云计算技术，对教学过程的各个环节及最终成果进行系统评估。这包括学生学习行为追踪、知识掌握度测试、情感态度调查等，以获取全面反馈，指导后续教学改进。

在整个设计过程中，信息技术不仅作为辅助工具，更是推动教学创新与个性化学习的关键驱动力。信息化教学设计强调以学生为中心，利用技术手段优化学习过程，提升教学质量，促进教育公平与个性化发展。

第五章

职业院校教师话语亲和力的提升

第一节 职业院校教师话语亲和力的基本概念

一、话语亲和力

亲和力，这个源自化学领域的术语，描述了原子间相互吸引、结合的能力。如今它已跨学科延伸至教育学、心理学乃至日常人际交往中，成为衡量个体与群体间相互吸引程度的重要指标。字面拆解，"亲"字蕴含了亲近、亲密的意味，象征着人与人间的情感纽带；"和"字则昭示着和谐、融洽的氛围，反映了人际间顺畅的沟通与理解；"力"字则赋予了这种关系以能量与动态，表明了亲和力是一种能够促进相互作用与影响的力量。

亲和力并非全然与生俱来，而是后天培养与先天特质相结合的产物。一方面，个人的性格特征、情商水平、社交技巧等内在因素，会自然地影响一个人的亲和力；另一方面，环境因素、教育背景、文化熏陶等外在条件，同样在塑造个体亲和力的过程中扮演着关键角色。亲和力的构建，既涉及自我认知与情绪管理的内功修炼，也离不开有效沟通与积极互动的外功实践。

在提升亲和力方面，生活化的语言、接地气的表达、与时俱进的视角、个性鲜明的风格及生动具体的行动，均能有效拉近人与人之间的距离，营造出更为温馨、融洽的交流氛围。然而，真正的亲和力，远不止于此，它更深层次地根植于真诚的态度、同理心及对他人需求与感受的敏锐洞察之中。唯有将这些元素融会贯通，我们方能在多元的人际场景中展现出恒久而强大的亲和力。我们可从以下两个维度思考亲和力的来源：

（一）动机来源

亲和力，确实与个体的亲和动机紧密相连。当某人内心深处强烈渴望被接纳、认同，或是期望建立和谐的社会联系时，这种动机便会驱动他们展现出更高的亲和力。在人际交往中，为了获取他人的肯定、友谊乃至合作，人们往往会调整自己的言行举止，使之更加亲切、包容，从而形成一种正面的吸引力。相反，若个人过分强调自我中心，忽视他人的感受与需求，甚至将权力凌驾于关系之上，这种缺乏共情与尊重的行为将不可避免地导致亲和力的下降。

值得注意的是，尽管亲和力在某种程度上可以被视为个体的天然属性，但其亦可通过后天的学习与实践得以强化或重塑。在适当的情境与动机引导下，人们可以通过观察、模仿、反思与实践，逐步习得那些能够增进人际关系的亲和技巧。无论是通过微笑、倾听、赞美，还是通过展现同理心、提供帮助等方式，我们都可以有效地提升个人的亲和力。

亲和力作为一种社交能力，往往并非无目的地存在，而是服务于某种特定的目标或情境。它可能是在职场中为了赢得同事的信任与合作，也可能是在社交场合中为了结交朋友或拓展人脉。亲和行为背后所隐含的动机，无论是寻求归属感、建立合作关系，还是追求个人成长，都深刻地影响着亲和力的表现形式与效果。因此，理解并把握亲和力的本质及其背后的动机，对于在复杂多变的人际环境中游刃有余，无疑至关重要。

（二）认知来源

个人的亲和力深深植根于其认知理念、因果逻辑和综合素养之中，反映了一种对人与科学的双重尊重，其既是道德文化的体现，也是人文精神的载体。这种力量源于平等与民主的理念，核心在于爱的情感，它要求个体或组织持有理性的认知，理解事物之间的内在联系，具备慈爱的人文关怀与包容开阔的视野，以此作为表达真善美的基石。

亲和力的构建与表达，关键在于理解其源于对平等和民主的信念，以及对爱的深层情感。它满足了人类内心对安全与归属的基本需求，在历史的每一个转折点，人们都在寻找亲密的人际关系，渴望得到公正的对待。在社交与情感层面，亲和力如同助长剂，促进友谊、爱情和归属感的生长，帮助个体融入群体，实现相互关怀与支持。

在社会语境中，话语亲和力指的是沟通中语言的亲近感与影响力，它超越了单纯的言语范畴，融入了说话人、受话人、文本、语境等多元因素，成为一种驱动沟通与传播的"情商"。构建话语亲和力涉及多个维度：

1. 情感距离的缩短：不仅仅是物理空间的接近，更重要的是心灵的契合，通过非言语手段拉近彼此间的情感距离。

2. 地位的平等：避免居高临下的态度，采取平等对话的姿态，让受众感到被尊重和理解，易于触动人心。

3. 内心的善意：真诚的亲和力源自内心的认同与接纳，而非表面的礼貌，这样才能触动人心，建立起真正的连接。

4. 适应对方的偏好：了解并采用对方熟悉、喜欢或感到亲近的交流方式与风格，增强亲和力的传递效果。

5. 温和亲和的表达：善于运用精准、贴近大众、顺势而为且不失幽默的语言，塑造亲和的形象，使沟通更加顺畅。

亲和力不仅是人际交往中的润滑剂，更是社会和谐与个人幸福的基石。它要求我们不断深化对人性的理解，提升自身的综合素质，学会从内心出发，以平等、尊重与爱为基础，构建起温暖而有力的人际桥梁。

二、职业院校教师话语亲和力

（一）职业院校教师话语包含的内容

职业院校教师话语主要是在职业院校课程中传递的思想意识、价值观念、政治观点和道德规范等的总和，是承载课程所要传递内容的言语符号系统，主要包括基本理论话语、理论运用话语和历史教育话语等部分。

1. 基本理论话语

基本理论话语体系构成了马克思主义哲学的基石，它囊括了一系列核心术语、概念和理论框架，这些元素共同阐述了马克思主义的基本立场、观点和方法。在职业院校教育中，这一话语体系扮演着至关重要的角色，它不仅是传播党和国家意识形态的载体，而且是培养青年学生批判性思维和理论分析能力的工具。

在职业院校的教学过程中，马克思主义基本原理的传授应当占据核心地位，旨在引导大学生深刻理解马克思主义的精髓，包括其对历史唯物主义、辩证唯物主义和社会发展规律的阐述。同时，教育者有责任区分哪些原理是马克思主义的永恒真理，需要坚定不移地传承；哪些理论判断则需与时俱进，在新时代背景下得到充实与创新；哪些教条化的解读应该被摒弃，以避免曲解马克思主义的开放性和实践性；还有哪些观点是错误的，需要澄清，以免误导学生。

这一教育过程的目标是帮助大学生建立正确的世界观和方法论，使他们能够运用马克思主义的立场、观点和方法来分析现实问题，从而形成独立思考的能力。职业院校应致力于打造一种既能忠实于马克思主义原典又能适应时代变化的教育环境，让学生在掌握理论的同时，学会将其应用于解决实际问题，促进个人成长和社会进步。通过这种方式，马克思主义不仅成为学生们学术探索的指南，也成为他们面对复杂世界时的智慧之源。

2. 理论运用话语

理论运用话语在职业院校教育中扮演着桥梁的角色，它将抽象的理论知识转化为大学生日常生活中可操作的实践指南。这种话语体系聚焦于那些能够直接指导青年学子塑造正确世界观、人生观和价值观的概念与范畴，旨在将马克思主义的基本立场、观点和方法从书本上带入现实世界中，使之成为分析社会现象、解决实际问题的有力工具。

职业院校肩负着双重使命：不仅要传授理论知识，还要培养学生的理论应用能力。通过将理论与实践紧密结合，教育者能够有效地引导大学生去剖析理论热点，解答现实中的疑惑，使他们在面对纷繁复杂的社会现象时，能够运用马克思主义的视角进行理性分析。这种能力的培养，是对教育成效最直观的检验，也是衡量理论学习真正内化为个人素养的关键指标。

在大学生的成长历程中，将理论素质转化为实际行动是教育的最终目标。职业院校应当致力于构建一个平台，让学生在掌握理论的同时，学会将其融入自己的决策与行为之中。这不仅要求学生能够理解理论"是什么"及"如何演变的"，更重要的是，要求他们掌握如何在具体情境下运用这些理论，以指导个人成长和职业发展，从而实现理论与实践的完美融合，让马克思主义的智慧在新一代青年中焕发出新的活力。

3. 历史教育话语

历史教育话语，是指对大学生进行历史发展常识和规律教育时使用的概念、范畴和术语，既包括以中国共产党党史、中国革命史等为主题的社会历史发展话语，也包括以马克思主义中国化理论创新成果为主题的理论发展话语。

（二）职业院校教师话语的功能

在职业院校的教学环境中，教师的话语具有多重核心功能，它们不仅是知识传递的载体，更是连接师生心灵的桥梁。教师的首要功能在于其中介角色，话语作为教育过程中的媒介，使得教师能够将精心准备的课程内容有效地传达给学生，促进信息的流通与接收。

其次，话语具备强大的建构能力，它如同无形的黏合剂，将孤立的知识点编织成连贯的课程体系。通过教师的话语，原本分散的课程素材得以整合，形成有条理、有深度的学习框架，确保学生能够系统地吸收和理解知识。

再次，话语的阐释功能不容小觑，它能够缓和潜在的抵触情绪，使复杂的概念变得易于理解，进而激发学生的学习兴趣，推动教学目标的实现。

职业院校教师的话语亲和力，则是这一系列功能在实践中的升华。它不仅要求教师的话语能够被学生所接受和认同，更强调双方之间的互动与共鸣。这种亲和力并非静态的存在，而是动态的交流过程，需要教师与学生共同参与，通过积极的反馈和响应来不断巩固和深化。

话语亲和力的实质，在于创造出一种温馨、包容的课堂氛围，让学生感受到被尊重与关怀，从而激发他们的学习热情和内在动力。它是一种难以量化的感受，但可以通过观察学生的态度变化、参与程度和学习成果来间接评估。教师通过语言与非语言的沟通方式，构建起与学生之间的情感纽带，这种力量是促使学生主动学习、积极思考的重要因素，也是衡量教学质量的重要维度。

第二节　职业院校教师话语亲和力的理论基础

一、教师亲和力的本质内涵

（一）教育性

亲和力的本质往往根植于个体的亲和动机，这一动机深受个人对外部环境的认知及内在需求的影响，不同的生活背景和心理诉求塑造了多样的亲和驱动力。对于教师而言，其身份不仅仅是知识的传播者，更是学生成长道路上的引导者，肩负着教育与培养下一代的重任。在教育的舞台上，教学交往构成了最基础的互动形式，它是师生间思想碰撞、情感交流、理解深化的舞台，满足了双方精神层面的互动需求，同时也是教师职业生命的核心展现。

亲和力在教育场景下尤为重要，它是实现有效教学的关键要素，应当被视为教师职业素养的基石。教师的亲和动机，源于对教育使命的深刻理解和对个人专业成长的追求，体现了教师对于教育本质的科学认知及对自我发展的高标准要求，这种动机蕴含着深厚的教育情怀，是教师专业形象和社会价值的集中体现。

在实际教学中，教师的亲和力表现为对学生的耐心倾听、真诚关怀与师生平等对话，它能够营造出一种温暖、开放的学习环境，激励学生积极参与，激发他们的学习兴趣和潜能。教师通过展示自己的亲和力，不仅能够促进知识的传授，还能在潜移默化中培养学生的人格品质，实现教育的全面发展目标。因此，培养和提升亲和力，对于教师来说，不仅是提升教学效果的手段，更是实现教育理想，促进个人与学生共同成长的过程。

（二）生本性

教师的亲和力，作为人际关系中的重要维度，其本质深深植根于对学生个体的尊重与关怀之中。这股力量的源泉并非表面的礼节性表达，如公式化的微笑或是例行公事的问候，而是源于教师内心深处对学生福祉的真诚关注。任何旨在利用学生达到个人目的的互动，即便表面上包裹着友好与关心的外衣，也与真正的亲和力背道而驰，难以赢得学生的真心认同。

在评价教师亲和力的有效性和深度时，学生扮演着至关重要的角色，他们既是亲和力作用的目标，也是其质量的最终裁判。教师的接近与关怀，唯有当被学生感知并接纳时，方能产生积极的效果。例如，尽管某些教师的初衷是表达教育的善意，但如果他们采用诸如严厉批评或是体罚等学生反感的方式，即使出发点是好的，也可能适得其反，不仅无法拉近与学生的距离，反而可能让学生感到疏离，甚至产生抵触情绪。

因此，真正的亲和力要求教师在行动上展现出对学生需求的敏感度，以学生为中心，采取符合学生心理预期与情感需求的方式进行互动。这不仅需要教师具备高超的情感智慧，更要求教师在日常教学中不断调整策略，确保每一次的亲近之举都能触及学生的心灵，建立起基于信任与尊重的师生关系。唯有如此，教师的亲和力才能成为推动学生全面发展，构建和谐校园文化的强大力量。

（三）和谐性

亲和力的核心语汇"亲"与"和"，承载着深厚的人际交往哲学。"亲"，象征着一种无间的亲密，是亲近、是亲切、亦是深沉的关爱；"和"，则寓意着一种平衡的状态，是和好、是和睦、更是深层次的和谐共生。在这对概念的引领下，其在教育领域内追求的不仅是师生间情感上的亲近，更是在此基础之上构建起的和谐关系。这种"亲"的行为，其终极目标正是达到"和"的境界，即一种基于相互理解与尊重的师生关系。

和谐的师生关系，拒绝任何形式的单方面权威压迫，无论是传统的"师道尊严"——那种教师唯我独尊、自视甚高的姿态，还是现代教育中偶尔显现的"生道尊严"——学生无视规则、自我中心的倾向，都不是和谐关系的体现。真正的和谐，存在于相互尊重与理解之中，它倡导的是一种民主、平等与合作的精神，这正是教师亲和力所应追求的理想状态。

在这样的教育理念指导下，教师不再是高高在上的知识传授者，而是学生成长道路上的引导者与伙伴。学生也不再是被动接受知识的容器，而是主动探索、积极参与的学习主体。双方在共同学习的过程中，通过平等对话与协作，建立起一种基于信任与尊重的新型师生关系。这种关系，不仅能够促进学生知识技能的提升，更能培养其健康人格与社会适应能力，从而为学生的终身发展奠定坚实的基础。在这一过程中，教师的亲和力发挥着不可或缺的作用，它如同一座桥梁，连接着师生两颗心灵，引领着他们共同迈向教育的至高境界——和谐共生。

二、教师亲和力的效能体现

教师的亲和力，是维系师生情感的关键，它不仅能够营造一种温馨和谐的教学环境，还能激发学生的内在潜能，尤其是创新思维的萌发。在教育这条生命线上，亲和力如同细雨润物，悄然无声地滋养着每一颗渴望知识的心灵。当师生关系达到和谐时，这种正向的互动不仅让学生对教师产生亲近感，同时也让教师在教育事业中感受到乐趣与成就感，形成了一种良性循环——"亲师乐业"。

我国古训有云："亲其师，信其道"，揭示了学生情感与学习成效之间的密切联系。在学生眼中，那些温和、耐心、宽容且易于接近的教师往往是最受欢迎的。这是因为，根据马斯洛的需求层次理论，安全、归属感、爱与自尊等基本需求的满足，是激发更高层次需求如求知欲与自我实现的前提。教师的亲和力，恰好可以满足这些基本需求，为学生进一步追求学术成就和个人成长提供动力。

现代教育研究证实，教学活动涉及认知信息、情感信息与行为信息的三重交流，其中情感信息尤为重要，它关乎师生关系的紧密度。良好的师生关系能够显著提升信息传递的效率，增强学习效果。教师的友善与关怀，以及鼓励合作的教育风格，对学生的智力发展有着深远的正面影响。实证表明，学生常常因为对教师的爱戴而对课程产生浓厚的兴趣，即便面对批评也能欣然接受，并在老师的引导下，以积极的心态投入学习，最终收获良好的成绩。

孔子曾言："知之者不如好之者，好之者不如乐之者。"这句话强调了从了解到热爱，再到从中获得快乐的过程，这是教师职业态度升华的路径。一个真正乐于教育的教师，能够全情投入，忘我工作，创造出卓越的教育成果。然而，当前教师群体中，虽多数人能恪尽职守，但乐业者却相对较少。职业倦怠成为困扰许多教师的问题，表现为对工作的冷漠、缺乏激情与进取心，这不仅影响教学质量，还可能对学生产生负面的心理影响，进而影响学校的整体教学水平。

教师的职业倦怠往往源于多重因素，其中人际关系的紧张不容忽视。教师与学生的良好互动，特别是学生的认可与赞赏，是教师保持工作热情的重要动力。在教育实践中，教师的亲和力成了激发学生正面反馈、缓解自身职业压力的有效途径，有助于建立一种积极向上、充满活力的教育生态。因此，培养和维护教师的亲和力，不仅是提高教学效果的需要，更是保障教师心理健康、促进学生全面发展的关键所在。

三、教师亲和力的底蕴

教师的亲和力不是天性使然，有赖于后天的修炼，要以教师的"德""才""术"作为底蕴。

（一）"德"

教师的职业道德，即"德"，是教育之根，立人之本。正如孔子在《论语·里仁》中所言："德不孤，必有邻"，意指具备高尚品德之人，必能吸引志同道合者相伴。这一理念在教育领域尤为贴切，因为德行卓著的教师，不仅能够赢得同行的尊敬，更能获得学生的信任与爱戴，构建起和谐的教育生态。

我国历史上有众多的师德典范，其共同彰显的美德包括：对职业的热爱与忠诚、对学生深切的关怀、不懈的研究精神、积极的进取态度、淡看物质名利的情操，以及追求卓越的理想。在这些崇高品质中，关爱学生犹如灵魂贯穿始终，被视为师德的核心。师爱，作为教育关系发展的基石，是连接教师与学生心灵的桥梁。

当教师心中有爱，他们便会展现出无限的包容与理解，对每一位学生都能施以关怀与尊重，践行"有教无类"的教育理念，耐心教导，孜孜不倦。这份爱，更催生出一份沉甸甸的责任感，促使教师们更加敬业，精益求精，不断探索与创新。由此产生的道德魅力，使得教师在学生心中树立起"精神父母"的形象，既崇高又亲切，成为引领学生成长的精神灯塔。

教师的道德品质不仅关乎个人修养，更影响着教育的品质与方向。一位德才兼备的教师，能够通过自己的言行举止，潜移默化地影响学生，塑造其价值观，激发其潜力，从而在学生成长的道路上扮演至关重要的角色。师德之光，照亮学子前行之路，亦照亮教育的未来。

（二）"才"

教师的学识素养，即"才"，是教育智慧的源泉，是赢得学生尊重与信任的关键。正如古语云："学高为师"，深厚的学术造诣不仅是教师职业的基石，更是其魅力所在。若教师的知识水平未能得到学生的由衷敬佩，其即便满怀爱心，影响力也将大打折扣。反之，倘若教师在专业领域内展现出卓越的工作能力，取得很高的学术成就，学生定会对其投以信赖与支持的目光，紧紧追随其步伐，绝少离心离德。

学生对于教师的评价，往往基于其教学成果与专业素养。即便教师性格温和、言语动人、待人友善，一旦在教学实践中屡屡出错，无法展现专业能力，那么他们不仅会失去学生的尊重，甚至会遭受轻视。学生或许能够宽容教师的严格要求、一丝不苟乃至偶尔的苛求，但绝不会对缺乏专业知识与技能的教师抱有宽容之心。精通专业，是成为一名优秀教师不可或缺的前提条件。

教师的学识素养直接关联其"教育信度"，即学生对其教育能力和观点的信赖程度。一位优秀的教师，不仅应具备渊博的专业知识、深厚的教育理论基础、丰富的实践经验，还需具备强烈的求知欲、勤奋的学习态度及批判性思维能力。如此一来，教师不仅能在学科领域内引领学生探索真知，还能在人格层面树立典范，成为学生效仿的对象。当教师能够持续自我提升，丰富自己的知识宝库，并将其转化为教育实践中的智慧时，学生的尊重与信任自然水到渠成，无须担忧。

总之，"才"与"德"并重，方能铸就卓越教师。教师的学识素养是其专业身份的象征，是构建师生间良好互动关系的基石，也是实现教育目标的重要保障。唯有不断追求知识的深度与广度，教师方能在学生心中树立起不可动摇的权威形象，引领他们向着光明的未来迈进。

（三）"术"

教师的"术"，实则是指其在教育过程中展现的精湛技艺与艺术化处理方式。教育，作为一门融合科学与艺术的学问，要求教师不仅具备高尚的道德情操与深厚的学识底蕴，更需掌握与学生有效沟通的艺术。尽管"德"与"才"是构成教师亲和力的基础，然而在实际的教学场景中，我们常发现，即使某些教师品德高尚、学富五车，且教学成果斐然，却未必能自然而然地获得学生的尊敬与爱戴。究其根源，关键在于教师要能采用学生乐于接受的方式与其互动，使学生真切感受到教师的关爱与学识。

亲和力非凡的教师，深知语言的力量——"良言一句三冬暖，恶语伤人六月寒"。在与学生交流时，他们避免使用粗鄙之语、虚假之辞或尖酸刻薄的言辞，以免伤害学生的自尊。他们深刻理解非言语表达的重要性，面部表情作为情感传递的无声语言，比口头表达更为丰富细腻。面对学生时，他们不会面无表情或是冷眼相对，而是用微笑与和蔼可亲的面容拉近彼此的距离。

此外，他们洞悉人际空间的微妙影响，明白与学生保持适当的空间距离有助于建立更加亲近的心理联系，避免疏远感。同时，他们深知"身教重于言传"的道理，无论是日常行为举止还是着装风格，皆力求得体、优雅，以自身为榜样，向学生展示何为得体与风范。

这些看似简单的沟通策略，实则蕴含着教师对学生深厚的情感与深层的教育艺术。它们如同桥梁，构建起师生间和谐融洽的氛围，不仅愉悦了学生的心灵，更为重要的是，这在潜移默化中播种下真、善、美的种子，滋养学生的心田，引领他们健康成长。

教师的"术"不仅仅是技巧的堆砌，它更是情感的流露、智慧的展现，是教师与学生心灵相通的媒介，旨在创造一种充满爱与尊重的教育环境，激发学生内在潜能，促进其全面发展。

第三节　职业院校教师话语亲和力提升的策略

一、职业院校教师话语亲和力提升的原则

在职业院校教育中，教师的话语创新是促进学生全面发展的关键环节。其首要原则是尊重学生的话语主体性，这意味着教师需要接纳并重视学生在互联网上的自我表达，包括但不限于微博评论、论坛讨论及弹幕互动等形式。青年学生通过这些渠道自由分享观点，表达喜恶，教师如果采取压制态度，不仅会抑制学生的表达欲望，背离教育本意，还可能错失深入了解学生思想动态的机会，进而影响教学成效。因此，尊重并鼓励学生的话语主体性，对于构建开放的沟通平台至关重要。

其次，教师在话语表达上应追求亲和力，即贴近学生的生活实际，采用易于理解且容易产生共鸣的语言。于丹曾指出，教育者应当置身于大众的语境之中，激发心灵觉醒，而非单向灌输学理知识。为了提升话语亲和力，教师需积极融入学生网络生活，洞察其在线社交、学习及娱乐习惯，以及伴随而来的情绪波动和行为变迁。只有这样，教师才能与学生在同一情境下对话，用生动贴切的语言替代抽象乏味的说教，确保教育内容既具深度又不失温度。

再次，教师应秉持兼容并包的态度，让话语表达方式更加多元开放，紧跟时代步伐，洞察大学生审美趋势与心理需求，创造性地吸收和创造反映时代特色的新颖词汇与表达，推动教学语言的革新。同时，教师应密切关注网络文化的演变，勇于借鉴网络中的健康元素，采纳适合大学生的话语模式和内容，以丰富教育话语体系。在全球化背景下，教师还需培养国际视野，倡导全人类的道德关怀与共同责任，引导学生适应全球化挑战，使学生成为具备全球公民意识的未来人才。

总之，职业院校教师的话语创新应以学生主体、增强话语亲和力及兼容并蓄为核心原则，旨在打造一种包容、互动且富有时代感的教育环境，促进学生在认知、情感与价值观上的全面发展。

二、提高教师的核心素养

教师是增强话语亲和力的关键因素。提高教师的核心素养，同时综合分析职业院校教育对象和教育环境的现实情况，变革话语传播的方式与内容，职业院校教师的话语亲和力才能不断提升，职业教育才能更具针对性、有效性。

（一）提高职业院校教师的价值引导能力

职业院校教师在授课过程中的价值导向性，体现为其对社会主义制度的坚定拥护、对马克思主义理论的深刻理解、对中国悠久历史文化的热爱及对学生思想动态的深切关注。在变幻莫测的外界影响与意识形态较量中，教师需保持清醒科学的态度，坚守社会主义核心价值观，敏锐识别并坚决抵制各种谬误思潮，以此强化自身的价值引领作用，帮助学生建立正确的人生观、价值观，塑造崇高的道德品质与坚定的理想信念。

提升价值引导力的核心在于教师对科学理论的深度掌握与应用。教师唯有自身对理论有透彻的认识，具备深厚的学科素养、卓越的科研水平和高超的理论解析能力，方能以理服人，引导学生。要做到这一点，教师需持续深化理论学习，精研专业理论体系，将其内化为教学的坚实基石，展现出理论的逻辑美感。同时，汲取中华文明的智慧结晶，吸收党领导人民在不同历史时期铸就的先进文化，这些都是教师理论底蕴的宝贵财富。此外，教师还应致力于提升教学与研究能力，通过科学研究增强课程教学、学术探索与理论指导的能力，如此他们方能在新时代的挑战中，自信而深刻地传授理论，有力回应社会重大议题，真正做到以理服人。

职业院校教师的价值引导能力不仅源于对科学理论知识的精准把握，还在于其对传统文化与现代文化的融会贯通，以及在教学实践中不断磨砺的专业技能。教师需在理论修养、文化积淀与实践能力上均衡发展，方能在复杂多变的环境中，坚定地引领学生走向光明的未来，培养出既有深厚理论基础，又具强烈社会责任感的高素质人才。

（二）更新职业院校教师的话语表达理念

在职业院校的教育场景中，教师扮演着知识传播者的角色，肩负着向大学生传授科学理论知识的重要使命。然而，传统教育模式下的某些教师可能因专业知识的局限，或是对课堂交流本质的理解偏差，往往采取单向灌输的方式，忽视了理论与实践的结合，以及对学生价值观构建过程中现实挑战的正视。这导致了理论与实践的脱节,未能有效激发学生的内在动力和批判性思维。因此,职业院校教师亟需转变观念,认识到自身话语的引领作用,主动贴近学生的真实需求,将教育话语融入学生的具体问题中,引导他们在复杂多变的情境中做出合理的价值判断和理性决策,从而化解价值认同的困境,确保教育目标的实现。

为了达到这一目标,教师的教学语言应当充满亲和力,以便更高效地将科学理论送达学生心中,提升理论的接受度,填平理论与实践之间的鸿沟。现实中,部分教师在转换理论为教学语言时缺乏技巧,未能将抽象概念与生动实例进行联结,尤其是未能紧密贴合学生的认知和思想实际,导致课程显得呆板乏味。为此,职业院校应着力提升教师的语言表达艺术水平,使教学内容更加鲜活、生动且具有感染力。教师应根据不同学生群体、教学主题及环境,灵活运用陈述、描述、批判、抒情、激励等多种风格的语言,以促进学生形成科学的世界观,构建坚实的知识体系,具备批判性思维能力。通过这样的方式,教师不仅能传授知识,更能激发学生的求知欲,培养其独立思考和解决问题的能力,进而塑造出适应社会发展的高素质人才。

(三) 提高职业院校教师的人格魅力和共情能力

问卷调查揭示,教师个人素养对职业院校教育话语的亲和力有显著影响。高素质的职业院校教师,不仅应具备高尚的职业道德、扎实的专业技能、强烈的敬业精神,还应展现出风趣幽默、积极乐观的个性特质,这些是提升教学质量的核心要素。情感作为连接教育者与受教育者心理的桥梁,对行为有深刻影响。教师应将对国家、对党的深情厚意融入教学,与学生进行情感互动,实现心灵上的共鸣,营造有温度、有人情味的课堂环境。

在互联网时代,信息的双向流动打破了传统单向传播的壁垒,赋予了大学生更多的信息选择权和主动接受权。然而,虚拟空间的开放虽提升了话语的自由度,但也带来了话语虚化的风险。为了保持教育话语的实效性和针对性,职业院校教师应立足现实,关注学生需求,在平等、开放的交流氛围中进行真诚互动,利用情感的感召力激发学生的主体意识。微信、QQ、抖音等新媒体平台的兴起,为教师提供了多元化的传播渠道,增强了在线教学的互动性。但虚拟环境的丰富与现实课堂的平淡形成了鲜明对比,这可能对学生的思想观念产生冲击。随着信息化技术的演进,教师与学生的关系正在重构,传统的"灌输式"教学模式面临着挑战。因此,教师需要在虚拟与现实之间找到平衡点,将教育话语与当前社会热点、公众关切结合,创造出既有深度又接地气的教育内容,以增进学生的接纳度。

鉴于学生在互联网时代的信息接收习惯和对新技术的快速适应能力,他们更偏好轻松、多元、互动的学习方式,而非单一的概念灌输。在此背景下,富含情感色彩的教育话语成为理想的选择。教师应"以情育人",关注学生的情感需求,寻找情感需求与学生兴趣的交集,构建和谐融洽的交流氛围,以此来弥补虚拟世界中可能存在的感情空缺,加强现实生活中与学生的感情联系,从而提高教育话语的吸引力和认可度。教师的角色正逐渐从知识的传递者转变为引导者和对话伙伴,这要求教师不仅要精通专业知识,还要擅长情感沟通,以适应新时代教育的需求。

(四) 提升职业院校教师媒介素养

为了强化职业院校教师在塑造学生思想方面的作用,以及指导学生形成健康的行为模式,教师自身需提升对新媒体的掌控能力。在吸纳网络流行语和热点词汇的同时,教师应深入分析其背后的文化和社会意义,这样才能在数字化环境中保持话语的主导地位,将职业院校教育的核心价值以符合网络时代的方式展现出来,进而对青年学子的思想导向产生积极影响。

媒介素养教育旨在教导个体如何理智地解读与创造性地运用大众传媒资源,核心目标在于培养个体的批判性思维和有效的媒介应用技巧,使人们能善用媒介资源促进个人成长及社会进步。这种教育致力于确保个人在海量信息中保持清醒的自我认知和进行独立判断,它是信息时代教育体系的重要组成部分。提升教师的媒介素养,意味着充实其关于媒介运作的知识体系,训练他们熟练运用媒介工具实现自我提升,了解媒体内容的创作与传播机制,最终成为既懂媒介消费,又精于内容创造与分享的复合型人才。

教师媒介素养的增强,不仅关乎个人能力的升级,更是教育现代化的必然要求。它要求教师不仅要成为信息的接收者,更要成长为有能力解析、评估并创造高质量内容的媒介专家,以此来引导学生在纷繁复杂的网络环境中辨明方向,形成正确的价值观和人生观,为社会输送具有全面素养和批判精神的未来公民。

三、优化课堂话语内容

(一) 加强对教学内容的研究和转化

在教育领域,"内容为王,形式服务于内容"的理念尤为重要。为了提升教师话语的吸引力,我们的首要任务是对教学内容进行深刻把握,确保其深度、科学性和系统性。这要求教师持续深化对内容的研究,将科研与教学紧密结合,这是职业院校教育质量提升的关键所在。

职业院校的教师应将科研活动聚焦于教学主题,通过广泛阅读和资料积累,辅以深度剖析和反思，达到专业知识的融会贯通。这一过程不仅能加深教师对学科内涵的理解，还能促使教学内容更加丰富、系统。教师应探索如何将抽象的理论知识与现实世界紧密相连，通过实践检验理论，并在此基础上进行创新与发展。同时，将专业理论转化为贴近生活的语言，以平易近人的方式向学生传授，是提升教学效果的有效途径。

教材作为教学的基石，虽具有科学性与权威性，但在趣味性和可读性方面常有欠缺。因此，职业院校教师不应局限于教材框架，而应以时代特征为背景，围绕学生关切的问题，深入研习基础理论，运用理论解决社会难题，实现理论与实践的完美融合，并遵循"因事而化"的原则，将教学内容与学生实际需求结合，切实解决学生疑惑，满足其学习期待；秉持"因时而进""因势而新"的态度，紧随时代脉搏，适时调整教学内容，反映社会变迁与时代特色。

教师应将内容研究置于首位，通过科研与教学的互动，提升教学的深度与广度，同时注重教学方式的创新，以适应新时代学生的学习需求，从而增强教师话语的感染力和教育的实效性。

（二）拓展职业院校教师话语资源

职业院校教师的话语体系，根植于深厚的中华文化底蕴与现代科学理论之中，其构建与发展需顺应新时代多媒体网络环境的潮流，广泛吸纳多元话语资源，以丰富其内涵并革新其形式。汲取中国特色社会主义理论体系的精华，融合当下的积极话语元素，借鉴健康向上的网络语言，是提升教育效能的关键策略。

首先，传承与创新并举，深度挖掘中华优秀传统文化中的优质话语资源。传统文化是中华民族的精神标识，蕴含着深邃的思想与美学价值，将其融入职业院校的教学内容，不仅能够丰富教材的表达，使其更具文化韵味与艺术美感，还能激发学生的民族自豪感与国家归属感。借助融媒体技术，如短视频、VR、人工智能等，创造性地呈现传统文化，能有效缩短学生与传统之间的距离，增强教育的吸引力。

其次，紧跟时代步伐，挖掘新时代的鲜活素材。随着社会的快速发展，新概念、新思想层出不穷。职业院校教师应敏锐捕捉这些变化，将反映时代特征的新鲜内容融入教学，以增强话语的时代感与现实感。立足国情，关注社会变革，提炼出与学生认知相匹配的话语，有助于提升教育的时效性与相关性。结合学生的生活体验、专业背景与社会热点，将最新政策、时事动态融入教学，可以有效激发学生的学习热情，促进知识的内化。

再次，合理利用网络语言，拓展话语的广度与深度。网络语言作为现代交流方式的重要组成部分，其生动、快捷的特点深受年轻人喜爱。教师应适度采纳网络用语，尤其是那些富有创意与情感表达力的符号图形、谐音替代、缩略语及派生词等，以增强话语的亲和力与时代感。然而，使用时教师需注意甄别，避免低俗或不恰当的表达，确保网络语言的健康导向，使之成为沟通的桥梁而非障碍。

网络语言以其独特的魅力和表现力，深深吸引了广大青年网民，特别是它的形象性和简洁性，使表达变得生动而高效。通过使用诸如"BS"来代替"鄙视"，"886"来代替"再见"，网络语言不仅简化了传统表达方式，还增添了趣味性和情感色彩，让网络空间洋溢着活力与个性。这种语言风格与青年人追求新潮、渴望自我表达的心理特质高度契合，他们倾向于挑战常规，寻求与众不同的交流方式，网络语言正好满足了这一需求。

网络语言的潮流性和批判性，反映了互联网时代信息更新的迅速与社会思潮的多变。作为新兴的传播媒介，网络语言总是站在流行文化的前沿，不断吸纳新词汇、新表达，这与青年人追求新鲜事物、勇于探索未知的精神不谋而合。同时，网络语言也常常带有对社会现象的戏谑与讽刺，反映出青年一代对现实的独立思考与批判态度。

在教育领域，尤其是职业院校中，教师对待网络语言的态度至关重要。接纳网络语言不仅能够缩小师生间的代沟，增进相互理解，还能促进教育的现代化与包容性。通过理解和运用网络语言，教师可以更好地触达学生的内心世界，与学生产生共鸣，提高教学的亲和力和有效性。

弹幕语言作为网络语言的一个分支，其动态化和视觉化特性，以及夸张、极端的表达方式，同样受到青年群体的青睐。在教学中适当引入弹幕语言，可以增加课堂的互动性和趣味性，满足学生寻求社交归属感和释放压力的需求。弹幕的即时性和匿名性，降低了学生参与讨论的心理门槛，鼓励更多人参与课堂交流中，从而提升了教学的吸引力和参与度。

网络语言和弹幕文化的兴起，为教育工作者提供了与年轻一代沟通的新途径。通过灵活运用这些语言资源，教师可以打造更加生动、互动和贴近学生心理的教学环境，进而提升教育质量和效果。

四、改进话语表达方式

（一）转换教材话语，增强话语生动性

在新时代的职业教育体系中，教材话语扮演着至关重要的角色，它是知识传递与价值引导的关键桥梁。为了确保教育的有效性和时代性，教师应当深入研究教材

的核心理念，结合课程特性和学生实际需求，创造性地将这些内容融入日常的教学准备和多媒体材料中。通过集体备课等方式，教师团队可以共享见解，深化对教材内涵的理解，确保教学内容的全面性和准确性。

值得注意的是，教材中的理论知识和抽象概念往往与学生的日常生活经验存在距离，这要求教育者具备将复杂概念通俗化的技巧。教师应该努力将政治与学术语言转化为贴近学生生活的表达，用生动具体的实例阐释新时代背景下的各项变革——国家取得的成就、面临的挑战、肩负的使命、指导思想、战略规划、未来愿景及相关政策。这样的转化过程，旨在使讲解既贴合学生认知水平，又富有吸引力，从而提高学生的学习兴趣和对课程的接受度。

总之，教师在教学过程中应当成为教材话语的解读者和重构者，既要忠实于教材的原意，又要灵活地调整表达方式，使之更加贴近学生的思维习惯和生活体验。通过这种转换，教师可以有效增强学生对课程内容的理解并产生共鸣，促进知识的内化，为培养适应新时代需求的专业人才奠定坚实的基础。

（二）运用新兴载体，创新表达方式。

在当前时代，新媒体和传统媒体的融合显得尤为重要。首先，我们需要积极开拓网络载体，如抖音等，利用视频、图片等可视化形式，实现话语表达的立体化和可视化。网络媒体具有不受时空限制的优势，能够随时随地传播知识，这对于大学生来说尤其具有吸引力。职业院校教师应抓住这一点，通过这些平台以学生喜闻乐见的方式进行教学和传播。

其次，传播是社会的工具，它不仅是社区存在的基础，也是人类与其他动物社会区别的主要特征。通过学习传播学理论，我们可以更好地理解媒介，探究新媒体的传播特点及其效果。这有助于我们从整体上分析如何利用新媒体推进教育教学。

在话语转换方面，我们应以学生为本，关注学生的现实需求，拓宽他们的利益和情感表达渠道，将理论创新成果以学生能接受和易于理解的方式传达，走进学生的课堂，滋润他们的心灵。同时，教师要正视融媒体的传播力，从学生的角度出发，提高话语的艺术性，做到言之有物、言之有理、言之有情。通过理性沟通和平等对话，实现话语的有效转换，并利用融媒体减少信息传播的障碍，提升话语传播的辐射力，这样，我们不仅能够激发学生的潜力，还能促进他们的思想成长和情感发展。

（三）借鉴优秀话语表达，创新表达风格

在职业院校的教育实践中，教师承担着将专业知识与学生生活经验巧妙融合的重任。要想让晦涩的专业理论变得生动有趣，教师需要采用一种既能触动心灵又能

激发兴趣的表达方式。这意味着，教师要把僵硬的术语和复杂的概念转化为平易近人的语言，用"大白话"和"家常话"来解读深奥的理论，让科学知识像故事一样自然流畅，充满趣味。这种风格不仅能展现出教师的语言魅力，还能使教师形成独特的教学个性，使讲解既贴近现实，又富含智慧，容易引起学生的共鸣。

为了达到这一效果，教师应当深入了解学生的思想状态、文化背景和知识基础，用简洁明快、幽默风趣且逻辑严密的话语，将高深的理论穿插于熟悉的典故之中。这样，既能吸引学生的注意力，又能帮助他们深入理解，做到全神贯注的同时，还能心领神会。教师的话语应当既有深度又有温度，既严谨又充满活力，用学生易于接受且乐于倾听的方式传递知识，使课堂成为一场智慧与情感的盛宴。

通过这种精心设计的表达，教师不仅能够提升课堂的吸引力，还能增进师生间的情感交流，营造积极向上的学习氛围。学生在轻松愉快的环境中更容易吸收知识，同时也能够感受到教师的关怀与尊重，从而更加投入地参与课堂活动，收获更多学业上的成长与进步。这种教学方法不仅提高了教育质量，还促进了学生综合素质的全面发展，体现了教育的人文关怀与社会责任。

（四）优化话语的传播系统

构建职业院校教师话语体系的有效运行机制，旨在确保教育信息的精准传递与广泛接受。这一机制的核心在于创新传播中介、灵活话语转换与建立反馈循环，三者相辅相成，共同推动教育话语的优化与普及。

创新传播中介是该机制的起点，要求教师利用多元化媒介，如社交媒体、在线平台、视听资料等，跨越时间和空间限制，与学生建立紧密联系。传统讲授方式虽不可或缺，但在融媒体时代，结合新媒体的力量能显著增强教育的互动性和吸引力，使知识传授更为生动直观。教师应善用互联网资源，将课程内容与网络流行元素结合，激发学生的学习热情，提高信息的接受度。

灵活话语转换强调教育内容的适配性，即根据学生特点和传播平台特性，调整话语形式与内涵。这一过程包括内容的筛选、重组与创新，确保话语体系既保有核心价值，又具备时代感与亲和力。教师需掌握多样的表达技巧，将抽象理论与具体实例、学术语言与日常对话巧妙融合，使学生在轻松愉悦的氛围中领悟知识精髓，同时，注重非言语沟通，如肢体语言与表情，强化语言的艺术性和感染力，提升教学效果。

建立反馈循环是闭环管理的关键。传统单向传播模式忽视了学生的主动参与，现代教育倡导师生间的双向互动。教师应搭建反馈平台，定期收集学生意见，评估话语体系的实际影响，据此调整教学策略。这一过程有助于教师及时了解学生需求，修正教学内容与方法，促进教育的持续改进与个性化发展。反馈不应局限于成绩或考试，更应关注学生的情感体验与认知变化，确保教育过程既高效又人性化。

总之，职业院校教师话语体系的运行，依赖于与时俱进的传播策略、灵活多变的话语调整及持续有效的反馈机制。这一系统化的方法不仅提升了教育质量，也深化了师生间的情感联结，为培养适应未来社会需求的高素质人才奠定了坚实基础。

第六章

创新型教师的成长与发展

第一节　创新型教师概述

一、创新型教师的样态生成

创新型教师的崛起，标志着教育领域内教师角色的一次深刻转型，它既是教育现代化的内在要求，也是教师自主发展与创新能力释放的自然结果。这一概念的诞生，根植于深厚的文化土壤与当代教育的迫切需求之中，特别是在素质教育全面推广的背景下，人们对培育具备创新思维与实践技能的新一代人才提出了更高期望。

随着教育步入内涵式发展阶段，传统的教育模式面临着严峻挑战。以往侧重于资源投入与硬件建设的发展路径，其边际效益日益降低，教育的真正活力与效能越来越取决于"人"的因素——教师与学生。课程体系的革新与教学方法的创新，归根结底需通过教师的专业素养与教学实践来落实。因此，教师作为教育变革的关键推手，其角色与职能正经历着前所未有的转变。

回顾历史，教师的身份经历了从知识的单纯传递者到学习的引导者，再到创新教育的践行者这一系列转变。在这个演变过程中，教师的主体地位得到了强化，其自主性与创造性得到了前所未有的重视与激发。创新型教师不仅承担着传授知识的重任，更是学生创新思维的启迪者、探索未知领域的领航员。他们运用新颖的教学理念与策略，激发学生的好奇心与求知欲，鼓励学生批判性思考，勇于尝试与创新，从而培养出适应未来社会挑战的全面人才。

创新型教师的出现不仅是教育理念革新的体现，也是教师角色自我超越与重塑的过程。在素质教育的引领下，教师被赋予了更高的使命与责任，他们需要不断提升自身的专业技能与创新意识，以适应教育环境的变化，满足学生多元化与个性化发展的需求，引领教育事业迈向更加辉煌的未来。

（一）职初教师

职初教师，正如刚踏入广阔田野的幼苗，是教育领域里充满生机与潜力的新面孔。这些刚刚完成学业，步入教师行列的青年才俊，正处于职业生涯的起始阶段，其专业身份尚处于形成初期，代表着教师专业发展路径上的起点。尽管他们在实践经验与教学技巧上显得不足，但理论知识的储备却是他们的一大优势，这些知识多偏向于描述性和陈述性的明确信息，构成了他们知识架构的基石。

从专业发展的视角审视，职初教师的专业表现尚未达到成熟标准，他们更倾向于理论导向，而实践经验的缺乏成为其发展的瓶颈。然而，正是这种理论与实践之间的差距，激发了他们旺盛的学习动力与探索精神。职初教师通常展现出高度的开放性，愿意拥抱新鲜事物，对个人职业成长抱有强烈的渴望。他们对于学科教学及教育学原理有着扎实的理解，这份理论上的丰盈，加之对教育事业的热情与承诺，让他们拥有独特的魅力。

尽管在课堂驾驭与教学细节处理上可能略显生疏，职初教师却拥有无限的潜能与可塑性。他们渴望将所学理论转化为实际教学成果，通过不断的实践与反思，逐步建立起自己的教学风格。这一阶段，对他们而言既是挑战也是机遇。通过持续的专业发展活动，如参与工作坊、接受导师指导、进行同伴观察等，职初教师能够加速专业成长，将理论知识与实践经验融合，最终成长为自信、高效、富有创造力的教育工作者。

（二）经验型教师

经验型教师把教学的重点放在教授知识、事实和材料上，把教材知识作为组织教学活动的中心，照本宣科。他们不能做到启发教学、循序渐进，而是仅凭个体经验教学。这种教学的水平不高，而在应试教育模式下，大多数教师的教学都处于记忆水平。总之，这种类型教师作用的发挥并不是在一种主体自觉意识的积极推动下实现的。

（三）学习型教师

长久以来，教育体系内的学科内容与教材保持着一种相对静态的平衡，加之教育体制的惯性作用，教师的角色被固化为经验主导型，即主要依赖于既有的知识和技能进行教学。然而，自 20 世纪中叶以来，随着科技的迅猛发展和社会变革的加速，知识的创造与更新速度显著提升，传统教育模式面临着前所未有的挑战。在素质教育的广泛实施背景下，现代教师必须超越以往的经验主义框架，转型为终身学习者，方能适应时代的变迁与新课程改革的需求。

终身学习不仅是一种生存策略，更是新时代的必然选择。它强调个体主动获取知识与技能的过程，认为由内而外驱动的学习是最深刻且持久的。因此，教育者肩负着双重使命：一方面，作为终身学习的践行者，教师需持续自我充实，以跟上知识更新的步伐；另一方面，作为引导者，教师应致力于培养学生的自主学习能力，促使被动学习向主动探索转变。

鉴于此，学习型教师的概念应运而生，旨在强调教师在新时代下的角色定位与职责。这类教师不仅需要具备深厚的专业素养，还应掌握最新的教育理念与技术，以便在新课程改革中引领学生进行探究式学习，促进知识的意义建构，并有能力开发符合学校实际需求的校本课程。学习型教师的出现，不仅是对终身学习理论的积极响应，也是建设高质量教师队伍的关键举措，确保教育工作者能够在课程改革的大潮中保持航向，有效指导学生面对未来社会的不确定性与复杂性。

（四）反思型教师

自 20 世纪 90 年代起，中国教师教育领域学者逐渐洞察到，反思教育实践对于教师专业成长十分重要，是培育卓越教师的一条关键路径。教师通过深入反思自身的教育活动，能够积累更深层次的教育智慧，增强批判性思考的能力。在新课程改革的浪潮中，提升教师的反思意识，推动他们向反思型教师转型，被视为提高教育质量的重要策略。这一概念源于对专业型教师局限性的批判，后者往往过于重视标准化的教学模式，忽视了教师个体的主体性和创造性价值。

反思型教师的核心在于其对自我实践的深度剖析，这是个体主体性最直接的体现。然而，若反思仅停留于表面，缺乏对教师内在认知和理解的挖掘，则无法真正激发教师的主体性，进而限制了反思的深度与广度。因此，反思型教师的主体性发挥仍有待完善。

教师角色的演变，从初入职场的迷茫，到累积经验后的熟练，再到持续学习和自我超越，最终达到反思与创新的境界，反映了社会经济变迁对教育领域的影响，这也是教师主体性逐步觉醒和展现的过程。职初教师往往在应对日常教学挑战中忙于适应；经验型教师虽能有效传授知识，却少有创新意识；学习型教师勤于自我提升，但可能局限于个人视野，缺乏系统性创新；反思型教师虽能审视并优化教学，但其反思模式多为线性循环，创新不足。

在这一系列角色转换中，尽管教师主体性的参与日益增加，但缺乏创新精神，而创新精神正是素质教育时代最为呼唤的特质。由此，一个更高层次的教师形象——创新型教师，应运而生。创新型教师不仅拥有深厚的理论基础和丰富的实践经验，还能在此基础上进行创新，打破常规，探索全新的教学理念与方法，实现与学生的深度互动，构建平等的师生关系，从而引领教育走向更加开放与多元的新时代。

教师的专业成长是一个从模仿到创新，从经验到反思，再到创新的螺旋上升过程，创新型教师代表着这一进程的最高成就，是未来教育领域的必备角色。

二、创新型教师及其表现

（一）创新型教师的内涵

1. "创新"的内涵

"创新"这一概念根植于拉丁语词汇，原意涵盖了更新、创造和变革的内涵，寓意着对现状的超越与重塑。它是很多国家反复强调的核心议题，这彰显了其对于国家繁荣与社会进步的深远影响。在我国，"创新"被赋予了创立与孕育新生事物的深刻含义，成为驱动社会向前的关键动力。

这一概念在 20 世纪初由奥地利经济学家约瑟夫·熊彼特引入经济学领域，他在著作《经济发展理论》中首次系统阐述了"创新理论"，将技术发明的应用视为经济增长的引擎。自此，"创新"的概念迅速扩散，跨足经济学之外，渗透进哲学、社会学及科学技术等众多学科，形成了多元化的解读视角。尽管诠释各异，但"创新"的核心特征始终清晰：

首先，创新被视为生命体的内在机能，无论是在宏观层面的政策制定与企业发展，还是微观层面上的个人行动，都是其表现形式。它如同呼吸般自然，贯穿于各个领域的运作之中。

其次，创新是一个动态的过程，而非静态的结果。它要求持续的探索与实验，是一个自觉且自由的长期旅程，需要耐心与毅力的支持，方能在时间的长河中显现价值。

最后，创新是一项系统工程，涉及多元要素的协同作用。它需要跨领域的合作，整合资源、人才、技术、资金等多个维度，共同编织出创新的网络，推动社会的整体进步。

"创新"不仅是经济发展的催化剂，更是文化、科技和社会变革的推手，其重要性在于它能够激发潜在的能量，引领我们迈向未知的前沿，构建更加繁荣与和谐的社会图景。

2. "创新型教师"的内涵

在 20 世纪末，伴随创新教育理念的兴起，我国学者提出了"创新型教师"这一概念，这标志着教育界对教师角色认知的一次革新。教师不再仅仅是知识的传递者和疑惑的解答者。创新型教师更扮演着挖掘与引导学生潜能的重要角色，他们致力于激发每个学生的潜力，促进其个性化成长。

从教育劳动的特性来看，创新型教师不满足于机械式教学，而是根据学生的具体需求，创造性地设计和实施教育活动，避免了教学内容与方法的一成不变，确保教育过程充满活力与新意。这样的教师能够敏锐捕捉教育科学的最新进展，将其融入日常教学中，形成自己独到的教学见解，开发出高效的教学策略。

一个富有创造性的教师，不仅能够汲取前沿的教育理念，还能在此基础上创新，形成一套行之有效的教学模式，这种模式往往源自教师对教育本质的深刻理解与个人教育哲学的实践。他们能够在个性特质、学生评估及课堂管理等方面展现出鲜明的个人风格，使教学活动独具魅力，有效激发学生的学习兴趣与创新思维。

与传统型教师相比，创新型教师展现出更强的自我主体意识与自我发展意识，他们对教育活动有着独立的思考与见解，对学生的观察与理解也更为细致入微。他们尊重每位学生的独特性，注重培养学生的创新能力和批判性思维，同时，他们也将自我反思与成长作为职业生涯的一部分，不断优化自身的专业素养，积极探索新颖的教学手段与评估方式。

创新型教师的教育"产品"，即通过创新理念指导下的课堂教学所培育出的学生，具备创新精神与创造力，能够在学习与生活中展现出与众不同的解决问题的能力。创新型教师之所以在教师群体中脱颖而出，正是因为他们充分发挥了主体性，实现了自主发展，成为教育领域内的领航者，引领着教育创新的潮流。

（二）创新型教师的表现

教育创新的核心在于教师如何将创新理念转化为实际行动，近年来，我们对创新型教师的探讨日益增多，这显示出教育界对其重要性的深刻认识。"创新型教师"并非泛泛而谈的概念，它蕴含着一系列明确的标准与特质，唯有达到这些标准，方能真正被冠以创新之名。这表明，教师在教育实践中拥有一个广阔的创新领域和空间，可以施展其独到的教学艺术。

在日常的教学活动中，普通教师往往依赖过往的经验，采用惯常的方法来应对教育挑战。相比之下，创新型教师则展现出截然不同的实践面貌。他们倾向于通过深刻的反思、全面的整合及持续的研究，来剖析和应对教育问题。这种反思与探究的过程，促使他们将思考所得融入教育实践，从而推动教学的革新与发展。

与传统的"教书匠"不同，后者仅限于传授既定的知识，遵循教材逐字逐句讲解，缺乏对知识的深度挖掘与拓展。而创新型教师，立足于现实情境与具体教学环境，敢于尝试新颖的教学策略，精心设计教学计划，以培养创新人才为己任。他们不仅具备强烈的教育创新意识，而且在人格特质、教育理念及教学技巧上均展现出创新精神。

创新型教师的人格特征通常包括开放性、好奇心及勇于探索未知领域的勇气；他们的教育思维灵活多变，能够跨越传统框架，寻求教育的新路径；而在教学技能上，他们熟练掌握现代教育技术，善于运用多元化的教学资源，以学生为中心，促进其全面发展。总之，创新型教师是教育改革的先锋，他们以行动践行创新，为学生铺设一条通往未来创新力的道路。

1. 教师的创新意识

创新意识作为个体对创新的价值和重要性的内在认知，是驱动个人追求变革与革新的心理动力，它构成了创新活动的方向标。当一位教师拥有强烈的创新意识和创新精神时，其视野将不再局限于现状，而是充满对未来的憧憬与构想，不愿被过往经验和固定模式所局限。这种意识促使教师超越常规，探索教育的新边界。

教师的创新意识，实质上是对教育创新的渴望与热忱，是一种源于内心深处的驱动力。它激发教师对周遭世界保持敏锐的好奇心，对于新兴事物抱持探索的冲动，乐于质疑并验证知识的真实性和有效性。这种意识促使教师主动迎接挑战，愿意投身于具有开创性的教学实践，积极参与教育改革项目，勇于将最新科技、先进手段及创新方法融入课堂教学，以期提升教学质量，激发学生潜能。

具体而言，创新意识在教师身上的体现，首先，他们对于新鲜事物有强烈的求知欲，不满足于陈规旧矩，而是渴望了解与采用新颖的理念与实践。其次，这类教师对于问题的本质怀有深入探究的热情，不轻易接受表面现象，而是力求挖掘背后的真相。再次，他们展现出积极主动的态度，面对困难与挑战时，不是退缩，而是勇往直前，乐于承担起引领教育变革的责任。最后，创新意识还意味着教师愿意接纳并运用前沿技术，如数字化工具和互动平台，以增强教学效果，使学习过程更加生动有趣，同时注重学生的批判性思维与创新能力的培养。

2. 教师的人格创新

创新力与人格特质之间存在着深刻的联系，许多心理学家和教育学家认同创新力可被视为一种核心的人格维度。创新的个性特征通常包括强烈的自主性，不甘于现状的进取精神，以及不拘泥于传统框架的开放心态，这些特质共同推动个体勇于突破常规，追求新颖与独特。

教师的创新人格，则是在其固有的天赋和后天经历的基础上，逐步塑造而成的一种独特而稳定的心理品质集合，其重心在于实践中的创新勇气与自我革新。这种人格特征在教育场景中的体现，是教师能够独立思考并独力执行教学计划，展现出对知识永无止境的渴望，不仅对教育领域的前沿动态保持高度关注，而且对学生的个性化需求给予充分尊重与响应，乐于探索和试验新的教学方法。

具体而言，创新型人格的教师具有以下几方面显著特点：

独立性：他们倾向于自主决策，享受独立完成任务的过程，即使面对复杂多变的教学环境也能保持清晰的判断力。

求知欲：对教育理论与实践的最新发展保持浓厚兴趣，同时对学生的成长轨迹持有深切关怀，总是愿意尝试新方法以促进学生的学习。

想象力：不受既有观念的限制，能够跳出传统思维模式，创造性地寻找问题解决方案，使教学活动充满活力与创意。

意志力：具备坚定的信念和不懈努力，即使面临挑战和障碍，也能够坚持不懈，展现出强大的毅力和韧性。

总之，教师的创新人格是教育创新的关键所在，它不仅促进了个人专业素养的提升，更为学生提供了多元化的学习体验，激发了学生的创造力与批判性思维，从而为构建更加富有活力和适应力的教育体系奠定了基础。

3. 教师的思维创新

思维模式作为认知架构的核心，对教育理念的形成与创新起着至关重要的作用，它如同一条无形的线索，贯穿于教育创新的各个环节，引领着教育者探索与实践的步伐。这种模式构成了个体理解世界、处理信息的内在框架，尤其在教育领域，它直接影响着教育者如何解读教育理念，以及如何将这些理念转化为创新的教学实践。

创新思维，作为一种高级的智能活动形式，体现为个体在面对问题时，能够超越常规的束缚，摆脱既定的偏见与习惯，展现出灵活多变的思考方式。创新型教师往往具备这一特质，他们的思维活跃且开放，能够根据情境的变化迅速调整策略，设计出富有创意的教育方案。这种创造性思维的培养，不仅提升了教师自身的创新能力，还为学生营造了一种鼓励创新、接纳多元思想的学习环境。

在教育创新的语境下，教师的创新思维主要体现在三个关键维度上：

发散思维：这要求教师能够从多个角度审视问题，鼓励学生的创造性思考，包容那些看似离经叛道的想法，激发学生的好奇心与探索欲，培养他们提出和解决问题的能力。

逆向思维：意味着教师需要学会反向思考，挑战传统的教学模式，突破常规思维的局限，探索教育的新路径。这种思维方式有助于发现教育过程中的盲点，促进教育改革的深化。

科学类比思维：通过借鉴其他领域的理论与实践经验，教师可以拓宽视野，提炼出适用于自身教学场景的原则与方法。这种跨学科的思维模式，促使教师能够结合不同教育理论的精华，创造出更加丰富多元的教学策略。

4. 教师的技能创新

创新技能的培育与提升，深深植根于具体的实践活动中，它们在一次次的实践与反思中逐渐成型，不断优化。对于教师而言，创新技能是连接教育理念与教学实践的桥梁，它直接决定了创新教学目标能否顺利达成。教师的创新能力，最直观也最深刻地体现在其创新技能的应用上，这些技能覆盖了教育过程的多个层面，是推动教育现代化的关键要素。

具体来说，教师的技能创新主要聚焦于四大领域：

课程与教材的创新：教师需将教材内容与现实生活紧密相连，通过整合与拓宽教学素材，使学习材料更加贴近学生的实际生活经验，激发学生的学习兴趣与参与度，同时培养其解决实际问题的能力。

课堂教学的创新：在教学过程中，教师应灵活调整教学策略，根据不同的教学情境选择适宜的教学手段和授课方式，如利用多媒体技术、小组合作学习等，以满足不同学生的学习需求。此外，高效应对课堂突发事件，维持课堂秩序，确保教学活动的连贯性和有效性，也是创新技能的重要体现。

学生管理的创新：深入了解每位学生的特点，实施个性化教学，科学管理班级，建立积极向上的学习氛围。这要求教师具备敏锐的观察力和高超的沟通技巧，以满足学生的多样化需求，促进其全面发展。

教育教学研究的创新：教师应持续审视并反思自身的教学实践，通过积累、提炼和总结教学经验，将其升华至理论层面，再将这些理论成果应用于新的教学实践中，形成持续改进的良性循环，推动教育质量的不断提升。

总而言之，教师的创新技能是教育创新的基石，它不仅促进了教学效果的优化，也为学生提供了更加丰富多彩、充满活力的学习体验，是现代教育体系中不可或缺的组成部分。

第二节　创新型教师的专业素质结构

一、教师专业素质

（一）教师专业素质的定义

专业素质是职业领域对从业者综合素质的系统要求，它构成了个体有效履行岗位职责的核心能力。在教育领域，教师的专业素质是其完成教育与教学使命所需的心理与行为特质的综合体现，被视为教育工作者必备的基础条件。这一"基础"强调的是门槛，意味着缺乏相应心理和行为品质的教师无法胜任教学工作，难以达到预期的教育成效。

在中国的教育研究视角下，学者们从多元维度解析教师专业素质的概念，使其内涵丰富且多维。部分研究者立足于教育实践，认为教师专业素质是其在长期教学中锤炼出的稳固职业特性，是一种集思想、知识、能力和信念于一体的综合素养，旨在提升教学效能。另一些研究者则依托心理学理论，聚焦于教学活动中的心理与行为表现，深入探讨教师应具备的专业知识与技能，但缺少对教师个人情操、态度与精神风貌等非认知特质的关注。

科学界定教师专业素质的概念，我们认为其应包含三个核心要点：

首先，强调"专业性"，即教师职业的独特性，教育对象的多样性及教学活动的复杂性远超其他行业，其需具备专门化的知识与技能。

其次，展现动态整体性，教师的专业素质并非静态的元素堆砌，而是随教育过程的推进而不断演进的有机整体，反映了教师成长的连续性与适应性。

最后，教师专业素质是知识、技能、能力与职业操守的深度融合，体现了教师个体的身心特质与职业精神的统一。

教师专业素质可定义为：基于教师先天优良特质，并经由系统化与专业化教育训练所获得知识、技能与信念进而形成的综合素质，它是教师投身教学情境，有效引导学生成长的关键所在。

（二）教师专业素质结构

教师专业素质是教育职业赋予教师的一系列高标准要求，它融合了在教育实践中积累的心理特质与行为模式，构成了教师执行教学任务的心理与行动基础。这种素质并非孤立存在的单一要素，而是一种结构化的复合体，其形成和发展受到多重因素的影响，包括认知、情感与意志等关键维度，它们彼此间存在着紧密的交互作用与内在联系。

在教育理论与实践中，我们对教师专业素质的深度剖析虽表述各异，但核心理念趋于一致，旨在优化教育过程，提升教学质量。超越基础教育常识与通识素养的范畴，教师的专业素质集中体现在四个关键领域：

1. 教育思想：这是教师价值观与教育理念的基石，涉及对教育本质的理解、教育目标的设定及对学生个性发展的尊重与促进，指引着教学设计的方向。

2. 知识结构：涵盖学科专业知识、教育学与心理学原理及跨学科的综合知识，是教师传授知识、启迪智慧的源泉，确保了教学内容的准确与丰富。

3. 能力结构：包括教学设计与实施能力、课堂管理技巧、评价与反馈机制及持续学习与自我发展的能力，是教师有效教学的行动力体现。

4. 专业情意：指教师对教育事业的热情、对学生的关爱、职业认同感与道德责任感，以及面对挑战时的坚韧与创新精神，是教师职业情感与意志品质的重要组成部分。

教师专业素质是上述四方面要素的综合体现，它们共同塑造了教师作为教育者的核心竞争力，不仅影响着教学效果，还深刻地影响着学生的人格发展与学术成就。

二、创新型教师专业素质的特征

（一）国内学者对于创新型教师专业素质的研究

随着时代发展的步伐，教育体系正面临着前所未有的转型压力，这促使中国教育从传统的应试模式向素质教育与创新教育的双轨制转变。这一转变的核心在于培养适应未来社会需求的现代性创新人才，而实现这一目标的关键，则在于创新教育的全面推行。不同于传统教育侧重于知识的传递，创新教育强调对现有框架的超越与对未来可能性的探索，它以学生为中心，致力于激发个体潜能，鼓励批判性思维与创造力的培养，从而达到深层次的素质教育目标。

在这一背景下，创新型教师的角色显得尤为重要，他们不仅是新教育理念的践行者，更是学生创新精神的引路人。学术界围绕创新型教师专业素质的特征展开了广泛探讨，归纳起来，其主要聚焦于以下几个维度。

1. 崇高的职业理想与教育使命感：怀揣着培养创新人才的远大理想，创新型教师具备强烈的责任感与使命感，致力于学生的全面发展。

2. 创新性的教育观念：他们持有开放包容的心态，敢于挑战常规，倡导多元化的教育方式，重视学生个性差异，构建民主和谐的师生关系。

3. 宽广的知识视野与高超的科研能力：不仅精通本专业知识，还拥有跨学科的视野，能够引导学生探索未知领域，同时具备将教学与科研相结合的能力。

4. 卓越的教学技能与惊人的人格魅力：掌握高效的教学方法，善于激发学生的学习兴趣，同时展现出创造性的人格特征，成为学生效仿的榜样。

5. 良好的心理素质与自我发展意识：保持积极乐观的心态，面对教育挑战时展现出坚韧不拔的精神，同时具备自主学习与终身发展的意识，不断自我完善。

然而，国内学者对于创新型教师专业素质的特征的研究往往侧重于社会需求层面的，而忽视了教师个体的主观能动性与独特个性。真正的创新型教师，是在理解创新教育宗旨的基础上，主动探索与实践，通过持续的自我学习与反思，逐步形成符合个人特点与教育理想的素质结构。这要求教师不仅要具备外显的专业技能，更要拥有内驱力，即对教育事业的热爱、对自我成长的渴望，以及勇于创新、敢于尝试的精神。唯有如此，他们才能在复杂多变的教育环境中，成为引领学生探索未知、创造未来的灯塔。

（二）创新型教师专业素质结构的相关系统

1. 动力系统

创新型教师的专业素质为一种综合性的能力体系，它超越了传统的教学模式，强调教师在个人发展、教育理念及人格特质上的创新。以下是我们对其专业素质构成的深入阐释。

（1）自我专业发展意识

创新型教师具备强烈的自我专业发展意识，这促使他们持续地追求个人成长和职业提升。这种意识体现在对新知识的渴望、对合作与交流的重视，以及对教育研究的热情上。教师主动规划职业生涯，设定发展目标，不断反思和调整教学策略，以适应社会变迁和教育需求的变化。

（2）崭新的教育理念

创新型教师持有与时俱进的教育观，他们认为教育不仅仅是知识的传授，更是学生创新能力培养的过程。这意味着教师需要采用创新的教育观，理解知识是动态的、可构建的，重视学生的主体地位，致力于全面发展学生的综合素质。在教学质量方面，他们推崇创新性和开放性，关注学生个体差异，倡导个性化教育，鼓励学生形成创造性思维和进行批判性思考。

（3）创造性的人格特征

这类教师展现出独特的非智力因素，如奉献精神、好奇心、独立思考能力和终身学习的态度。他们勇于挑战现状，不拘泥于传统框架，能够独立思考并形成自己独到的教学风格。创新型教师善于激发学生的探索欲，鼓励学生质疑权威，培养他们的问题解决能力和创新精神。

创新型教师的专业素质不仅限于学科知识的掌握，更在于其内在的自我发展动力、先进的教育观念及富有创造力的人格特质。这些素质相互交织，共同推动着教育创新，使教师成为学生探索未知、激发潜能的引路人。

2. 实体系统

创新型教师的专业素质还体现在其多元的知识结构、娴熟的教学艺术及突出的教育创新能力上，这些素质构成了他们引领教育革新、培育未来创新人才的核心竞争力。

（1）多元的知识结构

创新型教师不仅在专业领域内深耕细作，掌握扎实的学科内容知识、教育学与心理学原理及教学方法，还广泛涉猎人文社科、自然科学等多领域知识，形成"专与博"相结合的独特知识体系。这种广博的视野为创新提供了肥沃的土壤，使教师能够从不同角度解读问题，激发学生的求知欲和创新潜能。

（2）娴熟的教学艺术

教学不仅是知识的传递，更是艺术的展现。创新型教师擅长运用多样化的教学策略和技巧，将复杂的知识以生动有趣的方式呈现给学生。他们在教学组织上灵活变通，注重教学的整体性和层次感。同时，他们在课堂讲授中融入创新元素，改革传统教学模式，营造开放互动的学习氛围，有效激发学生的好奇心和探索精神。

（3）突出的教育创新能力

这一能力由创造性的思维能力和强大的科研能力双轮驱动。创新型教师拥有敏锐的洞察力和批判性思维，能够挑战常规，提出新颖的教学理念和方法，从而激发学生的创新意识。同时，他们积极参与教育科研，将教学实践与学术研究紧密结合，通过科学研究反哺教学，实现教学与科研的良性循环，为教育创新注入源源不断的活力。

总之，创新型教师凭借其多元的知识结构、娴熟的教学艺术及突出的教育创新能力，在教育领域内扮演着变革者和领航者的角色，他们不仅传授知识，更重要的是点燃学生的创新火花，培养未来的创新人才。

3. 调控系统

创新型教师的专业素质结构是由动力系统、实体系统与调控系统三大部分交织而成的复杂网络，每一系统都在教师成长和教育实践中扮演着不可替代的角色。

动力系统是创新型教师专业素质的内在驱动力，它由自我专业发展意识、崭新的教育理念和创造性的人格特征构成。这一系统犹如教育信念的灯塔，指引着教师不断追求个人与职业的成长，勇于探索新的教学方式和教育理念，为整个专业素质结构的发展提供持续的能量。

实体系统聚焦于教师的知识结构、教学技能和创新能力等实质性要素，是教师专业能力的直接体现。这一系统要求教师不仅要精通学科知识，掌握高效的教学方法，还应当具备创新思维，能够灵活应对教学中的各种挑战，设计出富有创意且有效的教学活动，促进学生全面发展。

调控系统则侧重于教师的自我反思与监控能力，确保教学行为的适时调整与优化。通过课前周密的准备、课中灵活的调控、课后深入的反馈与评价，以及持续的自我反省，教师能够不断提升教学效果，实现学生学习成效的最大化。这一系统强调教学过程中的动态平衡，使教师能够在实践中不断学习，实现个人专业成长的同时，也为学生提供更加优质的教育体验。

这三大系统相互依存、相互促进，共同塑造了创新型教师的专业形象。动力系统为实体系统提供不竭的动力源泉，推动教师在知识和技能上的精进；而实体系统的完善又增强了调控系统的效果，使得教学活动更加高效有序。反过来，调控系统的反馈机制又促使教师对教育理念进行反思和更新，进一步强化了动力系统的作用。

正是这种动态的、有机的联系，使得创新型教师能够持续地提升自己的专业素质，成为教育领域的佼佼者。

第三节 创新型教师成长与发展的影响因素及规律

一、创新型教师成长与发展的影响因素

创新型教师的成长与成熟是一个综合内外部多种因素影响的复杂过程，既涉及个人的内在驱动力，也离不开外在环境的支持。在探讨创新型教师的成长路径时，我们可以从三个维度进行分析：环境因素、个体因素和行为因素，每个维度都对教师的创新能力和专业发展起着至关重要的作用。

环境因素构成了创新型教师成长的土壤，包括教育政策的引导、学校文化的滋养和管理机制的激励。一种开放包容的政策环境能够为教师提供创新的空间，鼓励他们尝试新方法、新技术；学校管理层的支持和同行间的合作文化则能构建一个有利于创新实践的平台，让教师感受到被尊重和鼓励，从而激发他们的创新潜能。

个体因素则关乎教师自身的品质与态度，包括强烈的创新意识、持续的学习动力和深刻的教育使命感。创新型教师往往具备敏锐的问题意识，乐于探索未知领域，愿意承担风险并从失败中汲取教训。他们通过反思教育实践，提炼经验，转化为教育智慧，进而推动个人的专业成长和教学创新。

行为因素体现在教师将创新理念转化为具体行动的能力上。这不仅需要教师有勇气去实施新想法，还需要他们能够有效地评估和调整策略，以适应不断变化的教育环境。在实践中，创新型教师能够灵活运用多种教学方法，积极寻求反馈，并基于反馈进行自我修正，确保创新活动能够落地生根，产生实际的教学效果。

创新型教师的成长是一个由外及内、由内而外的双向互动过程。环境因素为教师提供了创新的条件，个体因素赋予了教师创新的意愿，而行为因素则是将这种意愿转化为现实的关键。只有当这三个因素协同作用，创新型教师才能在专业道路上稳健前行，为教育领域注入源源不断的活力和创新力。

（一）环境因素

1. 教育政策的导向

教育政策，作为国家意志的体现，扮演着创新型教师成长与发展宏观调控者的角色，其影响深远且全面。一方面，教育政策为创新型教师的成长提供了一个清晰

的框架与方向，如《国家中长期教育改革和发展规划纲要》中所强调的，对创新型人才培养的重视实质上是对教师创新能力和专业素养的高要求。这些政策不仅明确了教育目标，还细化了达成目标的路径，促使教师在日常教学中融入创新思维，促进个人与教育体系的共同进化。

另一方面，教育政策还充当着创新型教师成长的催化剂。通过立法或行政手段，国家和政府能够塑造一种有利于创新的社会共识，鼓励和支持教师在教学实践中勇于探索和实验。政策中包含的激励机制，如绩效评价、奖励制度及专业发展机会，旨在激发教师的创新热情，同时也为他们提供了必要的资源和平台，使其能够在公平、开放的环境中绽放光彩，形成良性的竞争与合作生态。

为了加速创新型教师的培养，社会环境的营造至关重要。这包括建立一种鼓励创新、容忍失败的文化氛围，让教师在无后顾之忧的状态下大胆尝试新方法。同时，在制度层面上，通过优化岗位职责、奖励机制及教师培训项目等，我们构建一种支持终身学习和专业发展的生态系统，这对于创新型教师的群体性崛起至关重要。通过这些多维度的努力，教育政策致力于打造一种充满活力、富有创造力的教育环境，为创新型教师的成长提供肥沃的土壤。

2. 学校管理

学校管理的核心在于构建一种高效、和谐的教育生态，它不仅仅是对资源的分配与调度，更是对教育理念的践行与深化。在这一过程中，学校管理者，尤其是校长的角色举足轻重，他们既是愿景的引领者，也是创新环境的缔造者。校长通过实施发展性评价，不仅关注教师的教学成果，更重视其创新潜能的挖掘与培养，为教师提供广阔的空间和必要的支持，鼓励他们在课堂内外探索与实践，从而激发其内在的创新动力。

在传统教育模式中，创新往往被视为边缘化的特质，仅在少数教师身上偶然显现。校长的任务便是识别这些潜在的创新者，通过激励与引导，将他们由孤立的个体变为具有系统性创新思维的教育先锋。这意味着，校长需创造一种允许试错、倡导探索的学习氛围，使教师的创新行为从随机变为常态，从被动转为主动，最终形成一套成熟的创新模式，即从偶尔创新跃升至自觉创新。

此外，学校作为一个微型社会，其文化氛围对教师的影响不可小觑。一种积极向上、开放包容的校园文化，能够为教师提供情感与心理的安全感，激发他们的创新欲望，促进专业成长。这种文化氛围的建设，需要校长与全体教职员工的共同努力，通过共同的价值观、目标和行为准则，营造出一种鼓励创新、尊重差异的环境，让每位教师都能在其中实现自我价值，成长为真正的创新型教育者。

学校管理的关键在于如何通过有效的领导，将学校塑造成一个创新的孵化器，让教师在其中获得成长与发展，进而推动整个教育体系向着更加开放、创新的方向前进。

3. 教师群体文化

人的存在与进化深深植根于文化的土壤之中，创新型教师的培育与发展，既依赖于宏观政策的扶持与微观校园文化的滋养，又与教师间形成的独特群体文化密不可分。在这个交织着多元影响的网络中，教师们不仅共享知识，更在相互激励与协作中激发出创新的火花。一个充满活力的教师群体，不仅是学术探讨的平台，更是情感交流与智慧碰撞的温床，它为创新思想的萌芽提供了肥沃的土壤。

尤其在新课程改革的背景下，教育内容的综合化趋势日益明显，这要求教师们超越个人的边界，开展深度合作，共谋教育创新之道。群体，作为社会结构的基本单元，其内部成员因共同的目标与规范而凝聚，通过频繁的互动与沟通，形成了强大的集体智慧。对于创新型教师而言，个人的智慧与潜力固然重要，但融入一个互助合作的团队，倾听多元声音，借鉴他人经验，同样不可或缺。

在这样的集体中，教师们可以突破个人的认知局限，通过集思广益，实现知识的互补与升华，共同面对挑战，解决难题。这种共生效应不仅能够加速创新过程，还能确保创新成果的质量与实用性。因此，培养创新意识，不应局限于个人层面的努力，更重要的是建立一种支持创新、鼓励分享的团队文化，让每一位教师都能在这样的环境中自由表达，相互启发，共同进步，最终在集体智慧的催化下，生出更多富有成效的创新实践。

总而言之，创新型教师的成长是一场集体的旅程，它需要政府、学校以及教师群体的共同努力，通过构建一种开放包容、互帮互助的环境，让创新的种子得以生根发芽，茁壮成长，最终开花结果，惠及教育的每一个角落。

（二）个体因素

1. 认知能力

教育实践的本质是一项高度复杂的智力劳动，其中，创新型教师的培育与成长凸显了这一特性。在教育的广阔舞台上，从设定教学目标到课程内容的设计，再到教学方法的灵活运用，每一步都深刻反映出教师的认知深度与广度。认知能力，作为教师核心素养的重要组成部分，涵盖了感知、理解、批判性思维及解决问题的一系列心智技能，是衡量教师专业成熟度的关键指标。

高水平的认知能力赋予教师在教学实践中展现出更加策略化与灵活机动的特质，他们不仅能够从学科本质出发，还能跨领域整合资源，以多维视角审视教育现象，展现出广阔的视野与深刻的洞察。这类教师往往具备前瞻性，他们认识到开放的学习环境与宽松的教学氛围对于激发学生潜能、促进学生全面发展的重要性。正是基于这样全面且深入的理解，认知水平卓越的教师更容易在教育创新的道路上脱颖而出，成为引领变革的先锋。

因此，教师个体的认知能力成为了创新型教师成长轨迹上的重要路标，它不仅为教师的专业发展指明方向，更是推动教育创新与质量提升的关键驱动力。可以说，认知能力的高低直接关联着教师能否有效应对教育领域的复杂挑战，是否能够在不断变化的教育环境中持续创新，最终成长为真正意义上的创新型教育者。故此，强化教师的认知能力，应当被视为促进创新型教师成长的核心策略之一，是教育现代化进程中不可忽视的重点环节。

2. 教学反思

反思作为教育实践的核心环节，是创新型教师成长与发展的催化剂。当教师沉浸在未经审视的日常教育模式中，缺乏对经验的批判性反思，他们就极易被表面现象所迷惑，丧失自我定位，甚至固守陈规，这无疑与创新型教师的身份背道而驰。与习惯性思维相对的是科学思维与杜威倡导的反思性思维，前者强调依据证据与逻辑推理，后者则聚焦于对已有经验的深度剖析与再评价。

教师的反思实践，实质上是一场针对自我教育行为的内省之旅，它要求教师跳出舒适区，以批判的眼光回溯并解析教学过程中的每一个决策点。这一过程不仅仅是对教学效果的表面评价，更涉及对支撑教学行动背后的信念、假设及情境影响的深层探究。其目的是确保教师的思考与行动植根于理性而非盲目的传统或个人偏见，以此促进教师个体的持续进化与自我超越。

通过持续反思，教师得以挣脱外界的刻板框架，探索一种动态、开放的成长路径。这种路径鼓励教师主动探索未知，勇于质疑现状，不断调整和完善教学策略，从而在教育的广阔天地中培养出真正的创新精神。在此过程中，教师不仅提升了自身的专业素养，也为学生树立了积极求知、勇于创新的榜样，进而营造出一种充满活力与创造性的学习环境。总之，反思不仅是教师职业发展的内在需求，更是教育创新与质量提升的不竭源泉。

（三）行为因素

创新型教师在教育旅程中持续精进，其核心动力源于在教学实践中不断探索与革新。这种革新体现在教学方法的多样化应用与对学生深层次理解两方面。首先，面对不同教学内容，创新型教师擅长灵活调整教学策略，通过设计多元化的学习情境，如探究式学习，不仅激发学生的好奇心，还锻炼其批判性思维与问题解决技能。他们能够针对同一议题构建多种视角，鼓励学生从不同维度思考，从而深化理解并培养创新思维。

其次，创新型教师深刻认识到每个学生都是独特的个体，拥有独立的思想与情感，他们尊重学生的个性，采取同理心去理解学生的言行。面对学生的问题行为，他们秉持公正与理解的态度，寻找背后的原因，而不是简单地加以评判，这有助于建立健康师生关系，营造包容的学习氛围。

在教学评价体系中，创新型教师推崇全面、多元的评估方式，超越传统的分数导向，更加重视学生的学习态度、创新精神及实际能力。他们鼓励学生挑战权威，提出创新设想，对未知世界保持旺盛的探索欲。同时，教师自身对创新的理解与实践，是引领学生创新的关键。只有当教师本身具备创新意识时，他们才能有效识别并呵护学生的创新潜能，引导其逐步成长为具有创造力的人才。

创新型教师在教学中的每一次创新尝试与对学生创新能力的悉心培养，都促进了其个人专业成长与学生全面发展，共同塑造了一种充满活力与创新精神的教育生态。

二、创新型教师成长与发展的规律

规律，作为宇宙和人类社会演进的基石，体现了物质实体在时空连续体中的内在联系。它不仅是因果链条上的必然环节，更是现象背后的隐秘主宰，决定着一切存在的形态与走向。规律的特性在于其恒定与重复性，一旦条件成熟，规律性现象便会如约而至，不受主观意志影响，彰显着自然法则的无上权威。

在教育领域，创新型教师的培育与成长同样遵循着特定的规律，这些规律深植于内外部交互作用的复杂网络之中。首先，个体的主体性与自由意志是创新之源，它要求教师拥有独立思考的能力与追求卓越的激情，能够在教学实践中自我反思与自我驱动。其次，适宜的教育环境与社会文化背景为创新提供了肥沃土壤，优质的教育资源、开放的学术氛围及激励机制能够催生教师的创新潜能。

基于此，创新型教师的成长与发展规律可概括为三点：一是自主探索与终身学习的精神，教师需保持对知识的渴望与对新知的探索，不断更新教育理念与教学方法；二是内外驱力的协同作用，内部的创新热情与外部的支持系统相辅相成，共同推动教师的专业成长；三是实践与反思的循环迭代，通过不断的教学实践与深度反思，教师能够提炼经验，优化策略，形成独特的教学风格与创新模式。

深入理解并运用这些规律，不仅能够加速创新型教师的个人成长，还能促进整个教育体系的创新与变革，为培养未来社会所需的创新型人才奠定坚实基础。

（一）创新型教师的成长与发展是一个主体精神不断发挥、外部资源不断开发，两者优势整合的过程

教师的成长与创新潜能的释放，根植于主体意识的觉醒与外部生态的滋养。首要的是教师内心深处的职业观重塑，激发创新的源泉。教师不应仅视教育为谋生手段，而应将其视为自我实现与价值创造的舞台。教师在教书育人的过程中寻得个人

定位与生命意义，方能摆脱机械式的教学模式，拥抱创新与自由，享受教学创新带来的成就感与自我超越。

主动的自我提升与创造，是教师创新之路的必经环节。面对繁复的教学任务，教师易陷入常规操作，忽视个性化教学。然而，真正的教育艺术在于，教师能依据教学目标及学生特质，灵活调整教学策略，使课堂成为创意与智慧碰撞的乐园。这种主动探索与实践，不仅能提升教学质量，更能促进教师个人成长，推动职业与个人价值的双重实现。

外部环境是创新型教师成长不可或缺的土壤。民主开放的社会风气、鼓励创新的教育政策、积极向上的校园文化，以及灵活多样的教学空间，共同构建起一种支持教师创新的生态系统。在这样的环境中，教师能够安心尝试新方法，勇于突破传统框架，为学生带来耳目一新的学习体验。

创新型教师的成长与发展是一个内外兼修的过程。教师需持续激活自我主体意识，调整心态与行为，同时，外部条件的优化亦至关重要，二者相辅相成，共同推动教师在创新道路上稳步前行。唯有如此，教师方能在教育的广阔天地间，展现个性化的教学风采，引领学生共同探索未知，共创教育的美好未来。

（二）创新型教师的成长与发展是一个实践与反思不断循环、层次不断深化的过程

教师的专业成长，尤其是向创新型教师的蜕变，是一场深刻的自我革新之旅，其中教学反思扮演着至关重要的角色。它不仅是对过往教学实践的回望，更是一次深度的自我对话，促使教师从多元角度剖析教学过程，将抽象的教育理念与具体的教学场景紧密结合，提炼出具有个人特色的实践性智慧。

这一反思过程，犹如内在的觉醒，激励教师对日常教学中的现象和问题进行深度挖掘，不满足于表面的答案，而是勇敢地质疑，探索背后的教育哲学。在反思的引领下，教师得以审视教学策略的有效性，辨识潜在的教学障碍，从而激发创新灵感，设计出更为高效、更具吸引力的教学方案。

教师在反思中发现问题，以批判性思维剖析其本质，随后在教学实践中大胆实验，验证新思路的效果，形成"问题—行动—反思—再问题"的动态循环。每一次循环都意味着教师专业能力的一次升级，他们积累的经验、掌握的技巧、更新的理念，共同构建起通往创新型教师的道路。

因此，反思不仅是创新的催化剂，更是教师成长的导航仪，指引着他们在复杂多变的教育领域中找准方向，跨越障碍，实现自我超越。遵循"实践—反思—再实践—再反思"的螺旋上升路径，教师将反思作为其创新教学的利器，不断拓展教育的边界，最终成长为引领教育变革的创新型教师。

（三）创新型教师的成长与发展是渐进累积式的发展，是教育行为不断优化的过程

创新型教师的培育并非一朝一夕之功，而要经历一个渐进累积、不断完善的过程，其间既有对传统教育精髓的承袭与深化，也有对新兴教育理念的探索与创设。这一成长轨迹，彰显了教师对卓越教育的不懈追求，以及其在不同阶段实现自我突破的勇气与智慧。

在教师成长的每个环节，教育行为的优化与创新都较为关键，它们直接关乎教学效能与学生学习体验的提升。这其中，教师评价机制扮演着举足轻重的角色，它不仅衡量着教育实践的质量，更激发着教师持续改进与革新的动力。理想的教师评价应当超越简单的奖惩框架，转而构建一个以专业发展为核心，旨在促进教师与学校共同进步的平台。

面对传统教育评价可能带来的局限性，即过分强调标准化评价而忽视个体差异，发展性教师评价应运而生。这一理念源于 20 世纪 80 年代，首先在英国萌芽，旨在打破奖惩导向的评价体系，代之以一种更加包容、前瞻的评价模式。发展性教师评价强调多元化的评价手段，鼓励教师参与自我评估，倡导同事间的相互学习与反馈，从而营造一种支持性、非竞争性的成长环境。

在此体系下，评价不再局限于教师当下的表现，而是聚焦于其未来的潜力与发展方向，致力于为每位教师量身定制成长路径，激发其内在潜能，促进个性化发展。这样的评价机制，如同催化剂一般，加速了创新型教师的成长步伐，使其在教育的舞台上绽放更为耀眼的光芒，这不仅提升了个人的教学艺术，也为整个教育生态注入了源源不断的活力与创新精神。

第四节　创新型教师的成长路径

一、创新型教师成长与发展的阶段

创新型教师的成长是一个深刻而丰富的个人与专业双重演变的过程，它跨越时间，跨越认知边界，表现为阶段性的跃迁、跳跃性的洞察与周期性的自我革新。这一旅程虽受制于学校文化、家庭教育背景和社会大环境的多重影响，但究其根本，教师的主体性与自主创新意识才是驱动其前行的核心引擎。

从宏观视角审视，政府政策的支持与教育体系的创新，无疑为创新型教师的成

长铺设了坚实的基石。然而，真正让教师在教育领域绽放光彩的，是他们内心深处对于教育本质的不懈探求与对于创新教学方法的勇敢实践。因此，教师的成长不应仅被视为外界因素作用的结果，而更应被视作一段由内而外，由教师自身主导的自我发现与自我超越的旅程。

（一）知识准备阶段

"知识准备"阶段特指那些刚从师范院校毕业、正步入现实教育领域的年轻教师所经历的初始转型期。这些初出茅庐的教育工作者，尽管已接受了系统的师范教育，却面对着从理论到实践的巨大鸿沟，以及由此带来的对教师身份和职业使命的初次深度探索。在这一阶段，他们可能会感到指导教师的教学风格与教育理念所带来的冲击，这种冲击促使他们重新审视和整合在学校里习得的间接知识与教育理论。

新教师们必须在实践中检验和调整自己既有的认知框架，通过反思与批判性思考，判断哪些理论能够有效应用于实际教学场景，哪些则需进一步修正或摒弃。这个过程涉及将新获取的见解与原有知识结构相融合，以建立更加全面和实用的专业知识体系。同时，这也是一个自我定位的关键时刻，新教师需要明确自己在教育生态中的位置，理解教师角色的本质，以及如何在促进学生学习与发展的同时实现个人职业目标。

在此基础上，他们开始制定职业生涯规划，设定短期与长期目标，这不仅包括提升教学技能，还包括持续的专业发展、建立个人教学哲学及探索成为教育领导者或专家的可能性。总之，"知识准备"阶段是新教师从学生向教育实践者转变的重要过渡时期，它要求教师既要具备扎实的理论基础，又要勇于面对挑战，在不断学习与反思中逐步成长为自信且有影响力的教育工作者。

（二）自主学习阶段

教师不仅要传授知识，更要永无止境地学习。在经历了最初的"知识准备"阶段后，教师踏入了一个更为关键的成长时期，即从维持性学习转向自主创新学习的阶段。这一阶段，教师已经经历了理论与实践的初步磨合，开始在教学实践中寻找自己的立足点，但他们同时也面临着教学挑战与自我定位的困惑，时常伴随着焦虑、紧张和自我怀疑的情绪。

此时，教师必须拥抱终身学习的理念，超越单纯维持现状的学习模式，转向主动探索与创新的学习态度。这意味着教师需要不断充实自己，不仅限于学科专业知识的深化，还包括教育学、心理学及社会文化知识的广泛涉猎。通过广泛阅读、参加研讨会、与同行交流、在线学习等多种途径，教师可以拓宽视野，更新教育理念，丰富教学策略，以满足学生多元化和不断变化的学习需求。

在这个阶段，教师开始更加熟练地运用教育理论指导实践，梳理课程内容，挖掘知识之间的内在联系，从而设计出更加贴近学生认知特点的教学方案。他们学会倾听学生的声音，鼓励学生主动探索，培养学生的批判性思维和创新精神。与此同时，教师通过自我反思，调整教育信念，优化教学态度，改进教学行为，以更好地适应教育环境的变化，增强教学效果。

通过持续的自主学习和创新实践，教师不仅能够克服初期的职业迷茫，建立起对教育事业的坚定信念，还能在专业成长的道路上不断前进，最终成为引领学生探索知识海洋的导航者，为学生的终身学习奠定坚实的基础。这一过程，不仅促进了教师个人的职业发展，也为教育体系注入了新鲜活力，推动了教育的创新与进步。

1. 学科理论知识

学科理论知识是教师职业身份的核心支柱，它不仅定义了教师的专业角色，还直接影响着教学效果与学生的学习体验。教师的理论水平，包括对教育学、心理学及学科专业知识的掌握程度，与其在课堂上的教学效能密切相关。深厚的理论基础赋予教师更强的传达力与表现力，使他们能够以更加精准和生动的方式诠释知识，激发学生的学习兴趣。

学科理论知识，作为教师教育工作的基石，要求教师不仅能够熟练掌握，更要能够灵活运用。这意味着教师需要将学科理论知识与实践教学相结合，将抽象的概念转化为易于理解的实例，引导学生在掌握基础知识的同时，培养批判性思维和创新精神。教师通过深入理解学科理论知识，能够发掘知识间的内在联系，设计出富有启发性和趣味性的教学活动，让学生在探索中学习，在实践中创新。

此外，教师还要有对教育趋势的敏锐洞察力，能够紧跟学科前沿，将最新的研究成果融入教学，为学生打开知识的新窗口。这种能力不仅需要教师持续学习，保持学科理论知识的更新，还需要他们具备将新知识与现有教学体系相融合的创新思维，以适应不断变化的教育环境和学生需求。

学科理论知识是教师在教育领域中发挥专业作用的基石，它要求教师不仅要有扎实的学科知识，更要有将知识灵活运用、激发学生兴趣、引导创新学习的能力。通过不断提升专业理论素养，教师能够成为学生知识探索的引路人，推动教育事业向着更加专业化、创新化的方向发展。

2. 教育教学知识

教育教学知识是教师塑造专业形象的关键，它不仅是学科理论知识的延伸，更是确保教学质量与学生发展的核心要素。在日常的教学实践中，教师难免会面临各种挑战与难题，此时，深厚的教育教学知识便成为解决问题的利器。这不仅增强了教师的知识传达与表现能力，也使得教学内容更加贴近学生的需求，从而促进有效学习。

教育教学知识由两大部分构成：教育学知识与心理学知识。教育学知识着重于教学方法与策略的研究，指导教师如何选择最适宜的教学方法，以适应不同的教学情境和学生群体，确保教学活动的有效性和吸引力。而心理学知识则关注学生的心理特点与认知发展，帮助教师理解学生的学习动机、情绪状态及认知能力，从而设计出更加个性化且符合学生发展需求的教学计划。

通过整合教育学的理论与心理学知识，教师能够更准确地把握教学节奏，适时调整教学策略，以满足不同学生的学习需求。例如，运用教育学知识，教师可以选择互动式教学法，鼓励学生参与讨论，提高课堂活跃度；同时，借助心理学知识，教师可以识别并尊重学生的个体差异，采用多元评价方式，激发每个学生的学习潜能。

总而言之，教育教学知识是教师在复杂多变的教学环境中应对挑战、优化教学过程的基石。它不仅丰富了教师的专业技能，还提升了学生全面发展的可能，是构建高效、和谐课堂的重要保障。通过不断深化对教育教学知识的理解与应用，教师能够更好地扮演引导者与支持者的角色，为学生创造一个充满活力与创造力的学习空间。

3. 社会文化知识

广博的社会文化知识是体现教师道德水平和涵养等综合素质的一面明镜，而教师掌握社会文化知识有利于培养科学精神和严谨的学风。因此，社会文化知识理应受到教师的重视。

（三）反思积累阶段

创新在教育领域的推进，离不开教师的深度反思，这是专业成长的催化剂。教师身处教育一线，其丰富的实践经验构成了反思的肥沃土壤。然而，仅有实践而缺乏反思，犹如行舟无舵；反之，若空想反思而不付诸实践，则如同空中楼阁。因此，实践与反思的交织，是教师成长的必由之路。

从教之初，每位教师都会形成独特的教学风格与认知框架，这些都可成为反思的对象。创新型教师往往经历了自我驱动的学习阶段，当他们带着更为丰富多元的知识体系重新审视教学时，便能获得全新的洞察。反思，意味着以批判性思维去审视那些习以为常的教育观念，尝试揭开常规背后的深层含义，以求得对过往教学经验的全新解读。

在教学实践中，反思贯穿始终。一方面，教师需在教学过程中即时反思，对教学内容的呈现、方法的选择、学生互动的引导及评价机制的运用进行深入考量，以适应瞬息万变的教学场景；另一方面，事后反思则是一种深度剖析，是对教学过程的回溯与再思考，旨在提炼经验教训，为未来的教学改进提供依据。

此外，教师的成长不应局限于封闭的教室之内，而是要将视野拓宽至更广阔的社会文化背景中。教育从来不是孤立存在的，它深受历史脉络、社会变迁与文化潮流的影响。因此，反思性教学倡导教师不仅要精通学科知识，还要具备跨学科视角，理解教育与社会、经济、文化间的内在关联。通过培养对社会现象的好奇心与批判意识，教师能够更好地解析教育现象，提升教育决策的独立性与前瞻性。

（四）自我更新阶段

教师作为教育实践的核心，其个人特质与教学活动深度融合，自然会孕育出自我发展的内驱力。然而，随着时代发展步伐的加快和社会需求的变迁，传统的教学模式面临挑战，呼唤教师角色的重塑与自我更新。这一更新不仅仅是知识层面的补充，更是教育理念的根本转变，涉及师生观、价值观及评价观的深刻革新。

首先，师生观的转型至关重要。从以往的权威主导转向基于尊重、信任和平等的互动模式，是现代教育的迫切需求。教师不再是单一的知识传递者，而是学生潜能的激发者，引导学生主动探索，培养其批判性思维和创新能力。在素质教育背景下，教师需将课堂转变为学生个性化学习的舞台，鼓励学生表达自我，体验学习的乐趣，实现全面发展。

其次，价值观的调整要求教师平衡社会价值与个体发展的双重要求。教育的终极目标在于促进人的全面成长，同时培养对社会有所贡献的公民。这意味着教师在传授知识的同时，还需引导学生树立正确的世界观、人生观和价值观，鼓励他们追求卓越，同时关切社会福祉，成为具有社会责任感的个体。

再次，评价观的革新旨在构建更加全面、公正的学生评价体系。传统的评价方法往往侧重于成绩，忽视了学生的多维度成长。新时代的教师应采用多元化评价手段，综合考量学生的课堂参与度、团队协作能力、创新思维等非量化指标。评价过程应体现民主与尊重，鼓励学生参与自我评估，从而增强其自我认知与自我调节能力。同时，评价标准应兼顾过程与结果，重视学生在学习旅程中的每一次成长，确保教育过程的连续性和有效性。

最后，教师的现代角色要求其不仅是知识的传播者，更是学生潜能的挖掘者、价值观的引导者和评价体系的革新者。这一转变需要教师在日常教学中持续自我反思与学习，与时代同步，与学生共成长，最终实现教育的真正目的——促进人的全面发展，构建和谐社会。

（五）自主构建阶段

在教育生涯的深化阶段，教师逐渐从知识的简单传递者蜕变成为教育理念的创新者与实践的引领者。这一转变标志着教师不再满足于常规教学的舒适区，而是积极探索与构建个性化的教育风格，力求在教育领域留下独特的印记。经过了知识积累与反思实践的洗礼后，教师们开始专注于教育现象的深度探究，致力于通过个人努力与创新思维提升教学品质，为学生带来更加丰富和有效的学习体验。

在自主构建阶段，教师的角色变得更为多元与灵活。他们不仅能够根据教育理念精心设计教学流程，还能因材施教，巧妙调整教学策略以适应学生的多样性需求。面对课堂突发状况，他们运用教学机智，有效化解难题，确保教学秩序不受干扰。在教学方法上，他们敢于尝试新颖的教学技术和策略，使课堂充满活力与创意。

尤其在课堂教学组织与课程设计方面，教师展现出前所未有的创造力。他们精心规划教学活动，确保每一堂课都能激发学生的兴趣，促进深层次的学习。在本体性课程中，教师致力于拓宽学生的知识视野，强化跨学科学习，引导学生建立知识间的联系，培养综合运用知识的能力。而在实践性课程中，他们的重点则放在了学生能力的培养上。通过教育技术的融合与创新教学方法的运用，教师旨在提升学生的思维能力与实践技巧，让学生在动手操作中领悟真谛。

创新课程设计不仅反映了教师对教育本质的深刻理解，也体现了他们对学生创新能力培养的高度重视。通过精心设计的课程，教师不仅提升了自身在教学实践中的创新能力，同时也激发了学生探索未知的热情，为他们的终身学习奠定了坚实的基础。这一阶段的教师，已成为教育改革的积极推动者，他们用自己的智慧与热情，为教育事业注入了源源不断的创新活力。

二、创新型教师成长与发展的路径

在探讨创新型教师的专业成长路径时，我们描绘了一幅动态发展的画卷，其中每个阶段都映射着教师从经验积累到理念创新的过程。这一成长过程既是对现实的反映，也是对未来教师角色的理想化期待。虽然阶段的划分提供了某种结构化的视角，但它们之间并非壁垒分明，而是交织重叠，体现着教育实践的复杂性和教师成长的连续性。

创新型教师的培育，本质上是一场内在驱动的自我革命，它要求教师不仅是知识的传播者，更是教育变革的推动者。这一角色转换的实现，离不开教师内心深处对专业成长的渴望和对创新实践的追求。教师的自主发展意识与创新精神构成了成长的基石，它们如同引擎，驱动着教师在教育的道路上不断前行。在这一过程中，教师主动寻求专业成长的机会，通过反思和实践，将理论与实际相结合，不断修正和完善自己的教学方法。

教师面临的挑战往往源于理论与实践之间的鸿沟，以及日常教学中遇到的实际问题。正是这些差距与问题，激发了教师的求知欲和解决问题的动力，促使他们迈出成长的第一步。在寻求解决方案的过程中，教师通过自主学习获取新知，而新旧知识的碰撞，不仅加深了教师对教育理论的理解，也促进了教学实践的创新。这种理论与实践的互动，常常引发教师的深度反思，推动他们超越现状，探索更有效的教学策略。

当教师将反思后的洞见付诸实践，其结果往往表现为教育成果的创新，即培养出具备创新精神和实践能力的学生。这一过程不仅提升了教师的专业素养，也为学生提供了更加丰富和有意义的学习经历。因此，创新型教师的成长，其实质是通过持续学习、反思与创新，实现自我超越，同时促进学生潜能的释放，共同构建一种充满活力与创造力的教育生态。

（一）问题

在教育领域的革新与演进中，教育实践的挑战如影随形，每位教师即便置身于相似的教学场景，也会因个人视角与经验的不同而遇到各异的难题。这些难题既有源自理论层面的"是什么"之问，也有立足实践操作的"怎么做"之惑。初登讲台的教师，往往会在理论与实践的交会处感受到一种独特的"现实的冲击"，即先前在师范教育中构建的教学愿景与实际课堂环境中的复杂现实之间存在着难以逾越的鸿沟。

面对这种冲击，新手教师可能会首次直面自身教育理论体系的局限性，这种体验有时被比喻为理想的破灭。在日常的教学中，他们会被各式各样的具体问题包围，从班级管理到课程设计，从学生个体差异到评估机制的有效性，每一项都考验着教师的应变能力和专业知识。这种密集的压力容易催生职业焦虑，对一些教师而言，这股焦虑可能成为他们退出教育行业的导火索；然而，对于那些选择坚守岗位的教师来说，这一阶段反而成了他们自我重塑与成长的关键期。

这部分教师不会轻易屈服于挑战，而是选择直面困难，积极寻找理论与实践的结合点。他们开始重新审视教学环境，努力整合现有的教育知识，结合个人的专业洞察与理解力，不断学习并勇于尝试新的教学策略。通过这样的过程，教师不仅能够逐步化解"现实的冲击"，还能在此基础上形成更为成熟和个性化的教学风格。

关键在于，无论是面对理论与实践的脱节，还是具体教育实践中的问题，教师都要培养出强烈的问题意识和探索欲望。这不仅是教师职业成长的重要标志，也是他们能够持续进步，最终成长为卓越教育者的内在驱动力。具备这样特质的教师，能够在教育的旅途中不断克服障碍，实现自我超越，同时也为学生带来更加丰富和有意义的学习体验。

（二）学习

教育理论，以其深度与广度，要求教师通过持续学习，来缩小理论与实践之间的距离。唯有如此，这些理论方能内化为教师的教育素养、观念与技能，进而自然而然地融入日常的教学行为之中。

对教师而言，学习并非孤立的行为，而是贯穿于整个教学过程的一条线。它不仅是提升教学质量的必要条件，更是教师个人成长与发展的必由之路。一个富有创新精神的教师，深知学习的重要性，他们会主动拓宽理论视野，深化专业底蕴，扩充知识库存，并优化知识架构，确保教育理念与时俱进。

同时，掌握先进的教育技术也至关重要，包括熟练应用多媒体工具、网络资源及高效课堂管理技巧，这些都能增强知识传播的效率与吸引力，使教学内容更加生动、直观，更易获得学生的认同。此外，借鉴他人的成功案例，通过参加研讨会、聆听专家讲座等方式，汲取同行的经验教训，也是教师自我完善的重要途径。教师将这些精华融合创新，灵活运用于自己的课堂，能够激发新的教学灵感，提升教育效果。

创新型教师的学习应当以教育实践为导向，既注重理论学习的深度，又强调实践应用的灵活性，通过持续的学习与探索，不断刷新自我，推动教育创新，引领学生走向知识的广阔天地。

（三）反思

学习到的问题解决策略和思考模式逐步形成教师的内隐理论，这一理论与新教育理念的融合，对教师的教学实践产生影响，这种影响主要通过教师的自我反思显现。教师通过反思实践检验所学知识与理论的适用性，并借助教育理论找出自身实践的盲点与局限。这一反思过程是教师完善自我、生成实践智慧的核心环节，亦是其专业成长的必经之路。

反思的具体途径丰富多样，如教学日志记录每日的教学感悟与发现，反思日记深挖个人情感与认知变化，档案袋系统整理教学材料与学生反馈。反思分为自我反思和社会反思两个层面，前者关注个人教学行为，后者则将教育置于更广阔的社会文化背景中考察。

反思的内容覆盖教学技术、教育背景与教育思想三个层面。首先，教师需反思教学方法与手段的有效性，确保教学目标的实现；其次，教师对支撑教育行动的理论假设和信念进行批判性分析，识别教育目标的潜在缺陷；最后，鉴于教育思想随时间推移而演变，教师应主动反思个人教育理念，基于人文素养和实践经验，促进独立思考与成长，避免观念僵化。

深刻反思要求教师立足开放的理论视角，综合不同学科的理论成果（如社会学、哲学）来解读教育情境，从而深化对教育本质的理解。通过跨学科的视角，教师能够超越传统框架，获得更为全面和深刻的洞察，推动教育实践的创新与优化。

（四）知行的转变

教师的反思是通过对自己教学实践的回顾、考察和诊断，通过对不良行为和策略的调整、优化来实现的。这种反思必然会带来教师教学观念和教学行为的转变。转变具体表现在教学观念的更新上，强调知识迁移能力和知识获取方法的知识观，尊重学生独特性和完整性的学生观，开放、活跃的课堂教学观等；也表现在教学行为的改善上，与学生交换学习心得，帮助学生分析、引导他们解决问题，适时交出课堂教学的管理权，让学生自己担任老师，教师则担当旁观者和监督者。

（五）教育产品

教师在反思与实践的交互作用中实现了知行合一的转变，这一转变催生了课堂教学的革新，进而孕育出教育创新的成果。衡量一位教师是否具备创新特质的关键指标，在于其能否培育出具有创新精神的学生，而这批学生正是教育创新的直观产物。教育创新的达成，离不开教师在教育理念、教学策略及评估机制上的革新，这些创新最终在课堂中得以展现。

创新型教师的课堂应当是一个充满活力与开放性的空间，能够激发学生的好奇心与探索欲，鼓励创造性思维与想象力的发挥。课堂氛围应倡导民主与协作，这有助于塑造学生独立自主的品格。教学不应局限于单一学科的界限，而应注重跨学科知识的整合，促进知识的融会贯通。课堂需提供丰富的互动平台，加强师生间及学生间的交流与合作，提升沟通与团队协作的能力。

这五大创新途径相互关联，构成教师成长的连续体。每一个步骤既是前期努力的积累，也是后续发展的基石，标志着教师专业成长的阶段性跃迁。当教师在教学中遭遇挑战，其原有的知识与技能不足以应对时，其便会主动寻求新理论、策略与技巧的学习，以此作为解决问题的钥匙。新习得的知识与原有认知结构的融合，将促使教师对教学实践进行深度反思，反思的成果则驱动教师在知与行上迭代升级，最终以教育创新成果的形式显现。

值得注意的是，即便教师成功解决了教学难题，也不意味着创新之旅就此画上句号。创新教学是教师成长过程中的高光时刻，但并非终极目标。创新型教师的成长，实质上是一场持续的自我革新之旅，涉及教育实践与个人知识体系、经验积累及信念重塑的动态交互。经过多轮循环往复的自我挑战与反思，教师的专业素养与实践智慧得以提升。在这一过程中，教师始终是主动参与者，其成长路径由内而外，彰显出强烈的自我驱动性。这种成长模式促使教师不断吸纳新理念、扩充知识边界、提升专业能力与情感智慧，迈向更高层次的专业发展，最终成为一名真正的创新型教师。

第七章

多元视角下职业院校青年教师发展提升

第一节　我国职业院校青年教师发展内容

一、培养教育情感

（一）师爱情感的培养

教育的本质不仅仅是传授知识，还要滋养心灵，正如池塘之于水。爱，是教育的灵魂，是连接教师与学生的最坚固的桥梁。它不仅赋予教育以温度，更激励着学生成长。在教师的职业道德中，对教育事业的热爱与对学生无私的关怀，构成了教育的核心，这股源自内心的强大力量，能够跨越障碍，触及灵魂深处，引导学生自我觉醒、自觉行动。

诚然，爱并非空洞的口号，它需要教师将其内化于心、外化于行，即使面对挑战与困难，教师依然要坚守这份情感，使其随时间沉淀，愈发深厚与坚定。师爱的成长，如同一颗种子，从萌芽到茁壮，再到果实累累，需经由教师的亲身经历与深刻感悟，从初识教育的懵懂，到沉浸其中的执着，直至形成稳定而深远的爱之信念。这一过程，既是教师个人情感升华的过程，也是教师专业素养提升的过程。

情感的培育并非自然而然，它需要后天的悉心浇灌。没有投身于教育实践的经历，教师就难以真正体会到那份对职业的挚爱；没有亲身参与育儿育人的过程，教师便难以深刻理解那份对孩子无微不至的关爱。对于年轻教师而言，他们正处于职业生涯的起步阶段，生活阅历中更多的是被关爱，而非付出爱，即便心中怀有对教育、对学生的初步好感，那也往往是青涩的、脆弱的，远未达到师爱应有的成熟与深沉。因此，青年教师需要重视师爱情感的培育，将其视为职业道路上不可或缺的一课，通过不断地实践与反思，让爱的种子在心中生根发芽，最终成长为参天大树，荫庇学子，使教育绽放光芒。

青年教师在师爱修炼中要牢固树立以下意识。

1. 坚信师爱的巨大教育和发展力量

教育的本质超越了单纯地知识传递，它是一门融合了情感的艺术，旨在触动人心，启迪智慧。学生，作为教育的对象，既具备逻辑思维能力，也有着丰富的情感世界。同样的教诲，出自不同教师之口，其影响力却大相径庭。这背后，不仅是教学方式的差异，还是师生间情感联系牢固程度的体现。当学生对教师抱有深厚的感情，他们更倾向于信任教师的话语，全情投入学习之中，对所犯错误产生深切的自省，从而将教师的期望转化为自我追求的目标。反之，倘若师生情感疏离，教师的教导可能如同风过耳旁，甚至会激起学生的逆反心理，令教育的努力付诸东流。

教师，亦非无情之物，他们是感性与理性并存的个体。在专业成长的征途上，理性目标虽为前行指明方向，但情感的力量才是驱动进步的不竭源泉。一位满怀师爱的教师，因责任感与成就感的双重激励，能敏锐察觉专业发展中的问题，勇于面对并克服障碍，持续提升自身能力。相反，若缺乏情感的滋养，教师可能陷入机械应对的疲惫状态，日复一日，专业成长的步伐将停滞不前。

教育，归根结底，是心与心的交流，是情感与理智的交融。教师唯有以真诚的情感投入教育，才能赢得学生的真心相待，激发出学生内心深处的求知欲与进取心，共同编织出一幅幅生动的教学画卷，揭示教育的真谛。

2. 懂得师爱其实是造福教师自己

从主观意愿出发，爱心仿佛是向外播撒的种子，但在收获的季节，播撒者往往发现自己同样沐浴在爱的阳光下。一个怀抱爱心的人，实际上是在践行一种高明的自我修养，他让自己的心灵保持青春的活力，对世界保有敏锐的感知，以及一份纯粹的善意。这份师爱，不仅惠及学生，也润泽教师自身。当人处于给予爱的状态时，那是身心最为和谐健康的时刻。此刻，情绪如春风，身体达到放松的状态，免疫力也在无形中得到增强。正如那句广为人知的谚语，"赠人玫瑰，手留余香"，在致力于他人幸福的过程中，我们自己的心灵也得以净化，收获了精神愉悦。助力他人，我们不仅能够解人燃眉之急，减轻他人的忧愁，更能在这个过程中结识志同道合的朋友，共享更多欢愉时光。因此，我们善待他人之时，亦是在善待自己。那些深爱学生的教师，往往是最为轻松自在、满心欢喜的，而师生之间的爱，形成了一种美妙的共鸣，令教师置身于一片幸福的海洋。

长久以来，教师因在教育事业中倾注了无尽精力与心血，被社会描绘成"蜡烛"般的崇高形象——"照亮他人，牺牲自己"。然而，这种观念有时会带来消极的影响，让一些教师认为身心疲惫乃至损耗是获得职业成就的必经之路。尽管这样无私奉献的教师令人敬佩，但这种认知模式存在明显局限。它不仅可能导致教师身心俱疲，也可能让部分教师因过于珍惜个人健康而降低工作热情，甚至令年轻人望而却步，对投身教育行业产生犹豫。事实上，并非所有教育成果都需以牺牲健康为代价。众多杰出教师的事迹证明，卓越的教育表现与身心健康是可以并行不悖的。在教育旅途中，他们不断修炼心灵，使其趋于纯净美好，从而构筑起一道抵御世俗尘埃的防线，展现出高尚的情操、乐观的心态及健康取得的生活状态。他们用自己的生命故事诠释了教师工作的本质——"自助助人"。

从反面来看，若缺乏健康的身心作为基石，教育成果的取得便失去了根基。试想，一位身心俱疲，连基本工作时间都无法保证的教师，如何能期待他取得优异的教育成果？同样，一个无法保持身心健康的人，我们又怎能指望他培育出心理健康的学生？这些思考启示我们，教育者的自我关爱与学生福祉之间，存在着密不可分的联系。教师唯有自身身心健康，才能更好地引导学生健康成长，共同书写教育的美好篇章。

3. 师爱是要经受考验的

在特定的境遇中，无论是对人还是事，萌生情感的火花并让它短暂绽放，几乎是人性的本能反应。然而，能否将这份初始的情感维系、深化乃至提升至更高的境界，则是对个体情商的检验。对于初涉教坛的新教师而言，丰富多彩的教学活动与学生们纯真的笑脸，往往能轻易点燃他们心中的热情，让爱的种子迅速生根发芽。然而，要让这份爱经受住时间的洗礼与现实的挑战，持续升温并最终成为指引教师教育生涯的核心情感，却并非易事，许多教师在此过程中会感到力有不逮。

师爱的成长过程，一般可以分为三个阶段：自然、自觉、自发。最初阶段的师爱，源于直观的感受与情感的自然流露，在面对考验时，师爱可能会显得脆弱而不稳定。例如，当教师发现自己的爱心并未立即转化为预期的教育成果，反而遭遇学生的抵触甚至敌视时，他们很容易开始质疑爱的价值与力量，甚至考虑放弃这条路径。然而，这正是关键的转折点，它提示我们，学生的成长是一个渐进的过程，需要耐心与时间。问题往往不在爱本身，而在于爱的深度与真诚度，以及爱的表达方式。只有深刻理解并接受这一事实，我们才能学会如何培养出更加真挚与深厚的师爱，掌握正确的表达技巧，从而步入师爱的自觉阶段。

在自觉阶段，教师通过不断反思与实践，学会了如何以更恰当的方式去爱，这份爱变得更为坚定与成熟。当教师以深沉且持久的爱去滋养学生的心田，见证他们的健康成长，这份成长反过来又会激发教师内心更强烈的爱意，形成一个良性循环。

随着时间的推移，师爱逐渐进化至自发阶段，此时的师爱已成为教师生活的一部分，无需刻意提醒或努力，它自然而然地流淌在教师的言行之中，成为一种本能的反应，每一个不经意的瞬间都蕴含着教师对学生深沉的关怀与爱护。

总之，师爱的培养与深化是一个动态的过程，它需要教师在实践中不断探索、调整与完善，最终实现由自然到自觉再到自发的飞跃，让爱的力量在教育的田野上开花结果，孕育出一代又一代健康、自信、充满爱的学生。

（二）理性地看待教育

教育领域内流传着这样一句话："视学生为天使，教师置身于天堂；视学生为恶魔，教师则困于地狱。"这简洁有力的表述，揭示了一个核心观点——教师的教育理念直接影响其在教学过程中的情感体验。这与美国临床心理学家阿尔伯特·埃利斯提出的情绪 ABC 理论有着异曲同工之妙。

埃利斯的情绪 ABC 理论强调，我们的情绪并非直接由外部事件触发，而是由我们对这些事件的解读和信念所决定。在这一理论框架下，A 代表诱发事件，B 则是个人对该事件的信念体系，而 C 指的是基于这些信念所产生的具体情绪或行为后果。传统观念倾向于将 C 直接归因于 A，但埃利斯指出，真正的因果关系链中，B 扮演着至关重要的中介角色。合理的信念能够引导我们产生适宜的情绪反应，反之，非理性信念则可能导致情绪失调。

理性信念会带来正向情绪体验，即便偶有负面情绪，也通常处于健康范围之内。相反，非理性信念使人频繁陷入不必要的困扰。埃利斯列出了十种典型的非理性信念，其中包括期望他人无条件地支持、对错误行为的过度惩罚、对理想化的坚持及对潜在危险的过度恐惧等。这些信念具有三个共性：绝对化的要求、过度泛化的思维模式及对最坏结果的预设。它们分别表现为对事物发展的确定性期待、以偏概全的认知偏差及对不利状况的极端化解读。

基于情绪 ABC 理论，埃利斯进一步发展了理性情绪疗法（REBT），旨在帮助个体识别并挑战那些非理性信念，进而构建更健康的思维模式。在 REBT 的 ABCDE 模型中，D 环节专门用于对非理性信念进行辩驳和反驳，通过逻辑分析和实证反驳来削弱其影响力。一旦非理性信念被有效驳斥，取而代之的理性信念将促使个体产生更为积极的情绪体验 E，从而达到心理干预的目的。

简而言之，教师若能培养起基于理性信念的教育观，便能更好地调节自身在教学过程中的情绪状态，创造一种既有利于学生成长也利于自身职业满足的工作环境。这不仅是对教师个人情商的提升，也是对教育质量的一种优化。

不少教师对教育现象持有许多非理性信念，其主要表现为大量的非科学的教育观念，这是引起教师消极情绪的认知根源，帮助教师树立科学的教育观念，为他们保持积极、愉快的情绪打下认知的基础，这是一项迫在眉睫的工作，青年教师有待转变的教育观念如下。

1. 变评价性学生观为移情性学生观

在教育实践中，教师对学生持有不同的观念，这些观念深刻地影响着教育方式和师生互动的质量。一种常见的观念是评价性学生观，它往往聚焦于学生的不足之处，放大了孩子们的调皮、不守规矩或在学习上的挣扎。持有这类观念的教师可能因此采用两种极端的应对策略：一方面，他们可能会因为害怕学生的反抗或捉弄而退缩，避免主动管理课堂秩序；另一方面，他们或许会秉持放任自流的态度，对学生的不当行为视而不见，或是采用强硬手段试图压制，这往往导致师生关系紧张，教育过程变成了一种负担而非享受。

与之相对的是移情性学生观，它主张以发展的眼光和人道主义精神看待学生的不足。秉持这一观念的教师能够站在学生的角度，理解和感受他们行为背后的动机，展现出极大的耐心，努力洞察学生的内心世界。他们以同情、真诚、热爱和关怀的态度与学生交流，避免简单粗暴地批评学生的错误。这种移情性学生观不仅促进了学生的成长，还营造了和谐的师生关系，给教师带来了持续的快乐和满足感，使得教育活动成为双方共享的美好经历。

移情性学生观的核心在于理解和支持，它鼓励教师超越表面的行为，探索学生行为背后的原因，寻找解决问题的方法，而不是仅仅关注问题本身。这样的教育理念有助于培养学生的自尊心和自信心，促进其全面发展，同时也为教师自身创造了更加积极和愉悦的职业环境。在这样的氛围中，教师能够体验到教育带来的成就感，而学生则能在充满爱与尊重的环境中茁壮成长。

2. 变他主型情绪观为自主型情绪观

在探讨情绪管理时，存在两种截然不同的态度——他主型情绪观与自主型情绪观。前者倾向于认为个体的情绪状态是由外界因素直接引发的，仿佛我们是被动的情绪接收器，对外部事件作出条件反射式的反应。持有这种观点的人常常会说"这件事让我高兴"或"那个人令我生气"。在这种认知模式下，一些教师甚至将自己情绪的波动视为一种教育手段，相信通过展现负面情绪，如愤怒或失望，可以促使学生认识到错误并加以改正。

然而，自主型情绪观则倡导个体对情绪的主动掌控。它强调每个人都是自己情绪的主宰，认为情绪不仅是可调节的，而且应该被调节，将情绪波动单纯归咎于外部环境被视为逃避责任的托词。从这个角度来看，尽管教师可能认为自己的怒气是学生不当行为的直接后果，但实际上，这种情绪的爆发往往是教师自身未能妥善处理内在感受的结果。教师发脾气时，并非真正为了纠正学生的错误，而是在寻求一种情绪释放的途径，以减轻内心的不适。教师何时能平息怒火，关键并不在于学生是否改正，而是教师何时能恢复内心的平静。

因此，随意发泄情绪不仅无助于教师的心理健康，反而可能埋下更多潜在冲突的种子，在未来的教育互动中不断累积，形成一个难以摆脱的恶性循环。自主型情绪观鼓励教师识别并正视自己的情绪需求，学会有效的情绪调节技巧，这样不仅能提升个人的幸福感，也能创造一种更为积极和建设性的教育环境，有利于学生的长期成长和发展。在这样的环境中，教师和学生都能学会如何负责任地管理自己的情绪，共同营造出一个相互尊重、理解和支持的学习空间。

（三）体验教育的乐趣

体验日常生活中的乐趣和在本职工作中寻觅满足感，是衡量一个人心理福祉的重要指标，它深刻影响着生命历程的质量。美国心理学家马斯洛提出的"自我实现者"理论强调了这种心理能力的重要性。自我实现者，即那些在职业成就与精神健康上达到和谐统一的个体，他们不仅在事业上卓有成效，还能在心灵层面达到丰盈的状态。马斯洛观察到，这类人具备一项显著特质——永不衰退的欣赏力，无论面对何种工作或职责，都能全情投入、乐在其中，以至工作与休闲之间的界限变得模糊不清。对他们而言，劳动是愉悦的源泉，充满了创造的乐趣，工作本身便成为了一种享受。

正如一位智者所言，生活和工作中并不缺乏美好，关键在于我们是否拥有一双善于发现美的眼睛。这启示我们，即使在平凡的岗位和琐碎的日常中，只要能够培养出找寻乐趣的能力，我们就能触及持久的快乐之泉。然而，遗憾的是，有些教师未能拥有这一能力，他们对教育工作抱有厌倦甚至抵触的情绪，被迫承担起教育者的角色，视与学生交流为负担。这种心态不仅限制了他们在专业上的发展，也给他们套上了情感的枷锁，长此以往，这会对身心健康造成负面影响。

教育，本质上是一项充满喜悦的职业，它赋予教师启迪智慧、塑造未来的神圣使命。但倘若身处其中却无法感知这份快乐，那么教师的精神层次和教育智慧显然有待提升与充实。真正的教育者应当学会在教学的每一刻捕捉幸福的瞬间，让这份职业不仅成为他人成长的阶梯，也成为自我灵魂滋养的甘露。唯有如此，教育的真谛方能得以彰显，教师的职业生涯才会更加丰富多彩、充满意义。

以下有几点建议，希望能对青年教师快乐从教提供一些帮助。

1. 我选择，我喜欢

在探讨如何追求更为幸福的生活方式时，一个核心观念浮出水面：人们往往认为，基于个人喜好做出的选择能带来最大的快乐，然而在现实世界中，能够完全遵循内心偏好来决定职业、伴侣乃至生活方式的仅是少数幸运儿。对大多数人而言，生活中的诸多抉择往往更多是顺应环境而非主动挑选的结果。在这种情况下，若要寻获幸福感，拥有"我选择，我喜欢"的态度至关重要。

对于那些最初走上讲台或许并非出于热忱的教师而言，即便从教可能是无奈之举，但一旦成为职业路径，拥抱并热爱这一选择不仅是为了学生的未来，也是对自己生活品质的负责。有人或许会质疑，唯有感到事物有趣，方能生出喜爱之情，反之喜爱之情则难以萌发。这实则是将兴趣固化为外界事物的属性，忽视了其作为主观体验的本质。实际上，无论是哪一行当，对于那些视野受限的个体而言，都可能被视作一片苦海；但当我们全情投入，深入其中，任何职业都具有无穷的乐趣与魅力。

热爱工作所能激发的力量不容小觑，它能让人化苦为乐，于严冬中预见春天，于枯枝旁发现生机。工作热情不仅能让人品味到劳动的甘甜，更能让人享受成就带来的喜悦。这恰恰呼应了一句流行的格言："心态决定一切。"若教师一开始就认定教育乏味，自然会遭遇挫败，而挫败感又会加剧其对教育无趣的认知，形成恶性循环。反之，倘若教师秉持教育有趣的信念，即便初时未觉其乐，通过全心全意地投入，成功与认可将逐渐点燃其内心的激情，兴趣与成功相互促进，形成良性循环，直至达到欲罢不能的境地。

归根结底，工作的趣味性，在很大程度上取决于个人的态度与努力。有趣的工作，是因为你将其变得有趣；无趣的工作，同样源于你未能发掘其潜在的魅力。因此，培养积极的心态，主动寻求乐趣所在，是通往幸福工作与生活的一把钥匙。

2. 全面收获教育

教师职业蕴含着多重回馈与深层满足感。首先，教育工作者所付出的辛劳，不仅仅局限于知识的传授，更有情感的播种与收获。教师的辛勤耕耘，不仅能见证学生的学业进步，更能培养学子心中那份真挚、信任与尊重的情感。这份情感的种子，即使在学生毕业后多年，乃至跨越数十年光阴，依旧能在他们心中生根发芽，以更加丰沛的情谊回赠给老师。这种情感的循环往复，构筑了一道其他行业难以匹敌的情感桥梁，许多教师即便有机会晋升至更高职位，也宁愿留在三尺讲台，只为那份来自学生心底的纯真情感。

其次，教育工作本质上还是一项充满探索与创新的事业。每个教学瞬间，无论是学生注意力的细微变化、记忆能力的提升，还是情绪的起伏、习惯的形成，都构成了教育研究的丰富素材。从个体学生到整个班级，乃至学校整体，每一个教育场景都潜藏着值得挖掘的课题。教师们在这片广袤的知识田野上，可以持续深耕，收获科研成果，将实践经验转化为理论知识，反哺教育实践，实现教育智慧的迭代升级。

再次，教师职业赋予了从业者保持一颗童心的珍贵机会。随着岁月的流逝，很多人意识到童真的可贵，但在纷繁复杂的社会中，保持童心往往成为奢望。而教师，因每日与孩子们相伴，共同阅读、学习、歌唱、实验，甚至嬉戏，得以沉浸在一个纯真无邪的世界里。孩子们的天真烂漫、善良真诚，如春风化雨般滋润着教师的心田，使得他们能够在岁月长河中，始终拥有未曾褪色的童心。这份纯真，不仅让教师自身感受到生活的多彩斑斓，也让他们成为连接过去与未来的桥梁，将这份宝贵的精神财富传递给一代又一代的学子。

教师不仅传授知识，更在塑造心灵。在这一过程中，教师不仅塑造了学生的未来，也在不断丰富和完善着自我，实现人生价值的升华。

3. 强化成就动机

教师内心的成就动机犹如一盏明灯，照亮并驱策着他们在教育的征途上全力以赴，追求卓越。当内心对成功的渴求如同对生命延续的向往那般强烈时，教书育人便不再是一项外在强加的任务，而转化为了内在自发的行动。这份源自灵魂深处的驱动力，让教师能够超越物质条件的限制，将个人的全部热情与才华倾注于培养下一代之上，他们从中体味到成就感与纯粹的乐趣。

很多时候，人们未能触及成功，并非源于先天不足或后天基础薄弱，而是源于对成功的渴望不够深切，不足以抵挡周遭消极因素的侵扰。或许，我们对成功的追求只是偶尔闪现的火花，而非持续燃烧的火焰，没有将其锻造为一股持久且坚定不移的力量。真正的成功者，是那些能够将对成功的渴望内化为日常行为准则，使其成为生活一部分的人。他们将这份渴望视为永恒的伙伴，无论顺境逆境，都能坚定不移地朝着目标迈进。

因此，对于教师而言，强烈的成就动机不仅是个人职业生涯中的催化剂，更是其专业成长与自我实现的关键。它促使教师不断探索教学艺术的新境界，激励他们在遇到挑战时坚韧不拔，在取得进展时谦逊自省。正是这种对成功的不懈追求，让教师能够超越自我，不仅在学术领域培育出一批批杰出人才，同时也在精神层面引导学生树立正确的价值观，激发他们内心对知识的渴望与对美好生活的向往。

总之，教师强烈的成就动机是推动教育事业蓬勃发展的关键力量，它不仅塑造了教师个人的职业形象，也为社会培养了无数具有创新能力与社会责任感的未来栋梁。在这一过程中，教师自身亦获得了深层次的满足与成长，实现了个人价值与社会贡献的完美融合。

（四）做好压力管理

压力，作为一种普遍的心理状态，源于个体面对外界挑战时的本能反应，当威胁或困境难以立即摆脱时，人们往往会感受到一种被压迫的心境。在日常生活与职场环境中，适度的压力实际上能促进个人的成长与进步，"生于忧患，死于安乐"，适量的挑战可以激发潜能，增强适应力。然而，一旦压力超出了个人的承受范围，或是长期累积未得到释放，其负面影响将显著损害身心健康。

过度的压力不仅可能诱发一系列生理疾病，诸如高血压、偏头痛、肌肉骨骼疼痛乃至心脏和消化系统疾病，还可能削弱免疫系统的效能，使个体变得更加脆弱，易受疾病侵袭。情绪上，压力会导致心境低落，焦虑频发，挫败感与无助感交织，情绪波动加剧，易怒倾向明显。认知层面，压力可致注意力分散，记忆力衰退，思维僵化，解决问题的能力下降。行为上，压力干扰了正常的决策与执行过程，有时甚至催生异常行为模式。

在当前教育领域，尤其是随着校园安全问题的增多，学业竞争的白热化，以及对教师绩效评估的精细化与复杂化，教师群体正承受着前所未有的心理负担。尽管青年教师作为新入职的成员，理论上尚处于学习与适应阶段，但他们所面临的教学要求与工作量往往并不亚于资深教师，甚至因肩负更多额外任务而倍感重压。青年教师的能力与责任之间的鸿沟，构成了他们职业生涯初期的重大挑战，他们亟需学会运用有效的压力管理策略，以防职业倦怠的悄然滋生。

面对压力，青年教师应当培养积极的心态，采取科学的方法进行自我调节，比如通过时间管理优化工作流程，借助社交支持网络寻求情感慰藉，利用放松技巧缓解紧张情绪，以及参与体育锻炼提升身体素质。同时，建立合理的职业期望，设定可达成的短期与长期目标，有助于增强职业满意度与成就感，从而在繁重的教学任务与个人发展之间找到平衡点，避免陷入职业倦怠的恶性循环。通过这些途径，青年教师不仅能有效应对压力，还能在教育事业中保持长久的热情与活力，为学生的成长与发展营造健康和谐的学习环境。

有效调适压力的策略：

管理压力并非一蹴而就的过程，而是需要通过一系列策略和习惯的培养逐步实现的。以下是几种有效的压力管理方法，旨在帮助个体尤其是青年教师更好地应对生活和工作中的挑战。

1. 精简压力源

量力而行：认识到自己的极限，避免承担超出能力范围的任务。设定实际可达的目标，逐步推进而非期望立竿见影的变化。

合理预期：基于自身资源和条件规划未来，保持脚踏实地的态度，不盲目攀比，专注于个人成长与进步。

2. 强化自我效能感

自我效能感是指个人对于成功完成任务的信心。具备高自我效能感的个体，在面临压力时，能够视之为成长的机遇而非不可逾越的障碍。

通过持续的实践与学习，青年教师可以逐渐提升解决教育难题的能力，增强内在信心。

3. 掌握解压技巧

直面问题：评估压力情境，制定并实施解决方案。

暂时放下：在必要时，给予自己喘息的空间，重新调整心态，准备再次面对挑战。

积极重构：调整认知与情绪，以更正面的角度看待压力，寻找个人成长的机会。

4. 优化时间管理

高效利用时间，及时处理任务，避免拖延导致的压力累积。

5. 培养幽默感

幽默不仅是生活的调味剂，也是一种有效的压力缓解手段。它能促进身心健康，提升免疫功能，帮助个体在压力之下保持乐观。

6. 构建社会支持体系

发展健康的人际关系，无论是专业领域还是私人生活中，其都能成为应对压力的重要支撑。

结合上述策略，青年教师可以构建一个全面的压力管理系统，它不仅有助于在高压环境下保持心理平衡，还能促进个人职业发展与助力幸福感的提升。通过实践这些方法，教师们能够更好地应对教育领域的挑战，享受教学过程，同时维护自身的身心健康。

二、形成教育技能

（一）学习动机激发技能

现代教育面临的挑战在于如何点燃学生内心的学习热情，而非仅仅传授知识。在教育资源丰富、教育资源获取途径多元化的今天，学生往往不缺乏学习的能力，而是缺乏学习的动力。过去，在教育需求旺盛而资源有限的背景下，教师更多地聚焦于"教"的过程，可能较少关注学生的学习意愿与兴趣激发，但教育成果仍能得以显现。

然而，时至今日，若教师仍然沿袭旧习，忽视学生学习动机的培养，他们则会发现教育工作难以有效开展，甚至课堂秩序和教学质量都会受到影响。在这样的教育环境中，无论教师掌握了多少专业知识和教学技巧，如果无法触动学生的心弦，激发他们的求知欲，那么这些技能便难以发挥其应有的作用。

因此，现代教师的角色已悄然转变，他们不仅要精通学科知识，更要懂得如何激发学生的学习动机。这意味着教师需要理解学生的内心世界，挖掘学生的兴趣点，设计富有吸引力的教学活动，创设积极互动的学习氛围，以及提供个性化指导，以此来唤醒学生内在的学习渴望，使他们从"被迫学"转变为"主动学"，从"不愿学"转变为"乐于学"。唯有如此，教育才能真正触及灵魂，达到启迪智慧、培养能力的目的。

1. 学习动机概述

心理学中人们对学习的理解，远超简单的知识积累，它涵盖了由个体经历驱动的广泛变化，包括但不限于认知结构的构建、技能的精炼、习惯模式的塑造、个人价值观的树立及性格特征的成熟。学习的本质是一种转化过程，通过与环境的互动，个体得以发展和成长。

在这其中，学习动机扮演着至关重要的角色，它是推动个体启动、持续并导向特定学习目标的心理能量。动机的构造由内需和外诱构成，其中内需是个体内心深处的渴求，更接近于动机的核心；而外诱则是外界刺激，如目标、情境或条件，它们能激发个体的行动，但根基在于内需。

内部动机源于学习活动本身的吸引力，当学习成为一种乐趣，或是出于探索、创造的渴望，这种动机便尤为强大。它促使个体沉浸在学习过程中，享受每一步的成长和发现。与此相反，外部动机则依赖于学习之外的奖励或惩罚机制，比如为了获得赞扬、避免责备或是追求物质回报而学习。

这两种动机并非孤立存在，它们在不同的情境下相互作用，共同影响着学习的效率和深度。理解学习动机的不同面向，对于教育者来说至关重要，它帮助我们设计更贴近学生内心需求的教学策略，既能激发内在的好奇心，又能利用适当的外部激励，引导学生走向自主学习的道路，从而达到更加全面和持久的学习效果。

2. 影响学习动机的因素

学习动机的复杂性体现在多种因素对其交织影响上，这些因素不仅塑造了个体的学习态度，还决定了他们的学习路径和成效。以下几点揭示了影响学习动机的关键要素：

强化经验：根据行为主义理论，学习行为的强度取决于先前行为的后果。正面的反馈，如成绩提升、师长的赞誉，能够增强个体的学习意愿，促进持续努力。反之，如果努力未得到相应的回报或认可，个体可能会感到挫败，进而减少投入。投机取巧的成功可能会鼓励侥幸心理，而投机失败则促使个体回归踏实学习的态度。

需要层次：马斯洛的需求层次理论提出，人类的需求从生理、安全到归属感、尊重及自我实现，按层次递进。每个人在不同时期的优势需求不同，这直接影响了他们学习的目标设定、内容选择，以及在学习过程中的情绪状态和毅力水平。例如，寻求归属感的学生可能更愿意参与团队合作项目，而追求尊重与自我实现的学生则可能致力于挑战性的独立研究。

成就动机：成就动机可分为追求成功与避免失败两种倾向。追求成功者偏好承担适度风险的任务，而避免失败者则倾向于选择稳妥或完全避免风险的任务。这种差异在学生的自我期望、主动参与竞争及创新思考方面体现得尤为明显。

归因模式：个体如何解释成功或失败的原因，即归因方式，对学习动机有显著影响。习惯性地将失败归咎于自身努力不足，可以激发更强的学习动力；反之，将失败归因于外部因素或运气，则可能削弱学习动机。积极的归因模式有助于建立自信，而消极的归因模式则可能导致自怨自艾，影响学习积极性。

综合上述因素，我们可以看到，学习动机的激发与维护是一个多维度的动态过程，涉及个人经验、心理需求、成就目标及对成败的认知解读。了解并应用这些原理，可以帮助教育者和学习者自身优化学习环境，促进学习动机的正向循环，实现更高效、更有意义的学习。

3. 激发学习动机的一般策略

为了有效地提升学生的学习动机与参与度，教育者可以采用一系列策略，旨在构建一种既支持又富有挑战的学习环境。以下是一些关键策略的概述：

明确学习目标：清晰阐述课程目标和具体任务，确保学生明白学习的目的和方向，从而提高学习的针对性和效率。

连接生活实际：运用与学生日常经验相关的实例来讲解概念，帮助他们理解学习材料的社会和个人价值，增强学习的相关性和吸引力。

培养自我效能感：通过设定可达成的小目标和积极反馈，增强学生对自己学习能力的信心，促进内在动力的形成。

积极期望：教师应持有对学生发展的乐观态度，通过期望效应激励学生超越自我，追求更高的成就。

个性化成功体验：考虑到每位学生的独特背景，设计多样化的学习路径，确保每位学生都有机会体验成功，从而激发学习热情。

成绩优化与兴趣培养：促使学生在擅长的领域取得好成绩，以此为兴趣的催化剂，同时鼓励他们在其他学科中寻找潜力。

激发好奇心：通过引入新颖、充满悬念的学习内容，设置问题情境，刺激学生的好奇心和求知欲，推动自主探究。

引导发现式学习：尽可能地让学生在探索中发现新知识，培养独立思考和解决问题的能力。

互动与实践：直观演示和互动活动，促进学生积极参与，加深理解和记忆。

满足基本需求：营造一种温馨、包容的班级氛围，确保学生感到被尊重和安全，这有利于开放心态下的学习探索。

及时反馈：定期提供具体且建设性的反馈，帮助学生调整学习策略，及时纠正错误，巩固学习成果。

适度竞争与压力：利用健康的竞争激发学习动力，但避免过度比较，以免造成不必要的焦虑。

奖惩机制：谨慎使用外部奖励和惩罚，防止对内在动机的抑制，确保其正面效果大于潜在的负面影响。

避免威胁性激励：避免使用威胁或贬低的方式促使学生学习，转而采用鼓励和支持的方式。

挫折教育：引导学生面对失败时的积极态度，将挫折视为成长的机会，增强学生逆境中的适应力。

模范作用：教师自身的专业精神和对学科的热情能够潜移默化地影响学生，成为他们学习的灵感源泉。

自主学习：鼓励学生自主选择学习主题和方法，培养自我驱动的学习习惯，使其成为学习过程的主导者。

兴趣培育：教育学生认识到兴趣可以通过努力和积极体验来培养，而非仅凭天性或学科本身的魅力。

通过综合运用这些策略，教育者能够创造一种充满活力和动力的学习环境，激发学生的学习潜能，促进其全面发展。

（二）师生沟通技能

沟通作为教育的基石，对于构建和谐的师生关系至关重要。然而，现代教育环境中，师生间的有效沟通面临着前所未有的挑战，这不仅体现在交流的减少上，更体现在深层次的理解和尊重缺失，对立情绪和指责增多上。这种局面的形成，往往源于学生在以往的沟通经历中积累的负面感受，如感到被误解、忽视或是受到不公正对待，导致他们对与教师沟通产生抵触心理。

尽管每位教师内心都渴望与学生建立起顺畅的沟通渠道，没有人愿意看到师生关系的疏离，但在实践中，师生沟通的复杂性常常超出预期。教师需要处理的不仅仅是知识的传授，还有情感的交流、价值观的引导及个性差异的尊重，这一切都需要高超的沟通技巧和深刻的人文关怀。

教师作为沟通中的关键一方，肩负着打破沟通障碍的重任。他们不仅要具备专业知识，还需要掌握有效的沟通策略，学会倾听学生的心声，理解他们的需求和困惑，同时表达出对学生的尊重和关爱。此外，教师还应当不断提升自我反思能力，勇于承认和改正沟通过程中可能存在的偏见和失误，以更加开放和平等的态度与学生对话。

学生同样在沟通中扮演着重要角色，他们应该被鼓励表达自己的想法和感受，学会以积极的方式提出意见和建议。双方共同努力，才能逐步消除沟通障碍，重建信任，实现真正的双向交流，从而促进学生全面健康发展，同时也为教师的专业成长提供宝贵的反馈和启示。

总之，良好的师生沟通是教育成功的关键，它需要教师展现出高度的责任感和同理心，也需要学生积极参与和配合。只有当师生之间建立起基于理解、尊重和信任的沟通桥梁，教育才能真正发挥其应有的作用，促使每一个学生在知识、情感和人格上得到全面发展。

（三）行为塑造技能

1. 行为塑造的理论基础

行为塑造源自行为主义学习理论，它是一种基于斯金纳操作性条件作用原则的心理学技术。这项技术被设计用于逐步引导个体展现出期望的新行为，或是改善已有行为。通过连续的接近步骤，每一步都比上一步更接近最终的目标行为，并在每一步成功时给予正强化，行为塑造能够有效地帮助个体学会完成复杂的任务或习得复杂的行为模式。

2. 行为塑造的具体方法

（1）厌恶疗法

厌恶疗法是一种行为治疗技术，旨在通过将某个不希望出现的行为与不愉快的刺激关联起来，从而减少或消除这种行为。这种方法源于巴甫洛夫的经典条件作用理论，利用了条件反射的原理，使得目标行为与负面后果之间建立联系，以此来对抗和消减原有的不良行为模式。

在临床设置中，我们可以采取几种不同形式的厌恶疗法，包括电击厌恶疗法、药物厌恶疗法及想象厌恶疗法。电击厌恶疗法使用轻微的电击作为厌恶刺激；药物厌恶疗法则使用药物来引发恶心或其他不适反应；而想象厌恶疗法则是非侵入性的方式，通过引导个体想象与不良行为相关的负面后果，如社会排斥、羞耻感或身体不适，来激发内心的厌恶感，从而抑制不希望的行为。

在教育和日常行为管理中，想象厌恶疗法因其无须实际的身体伤害而更为常见和安全。例如，对于有咬指甲习惯的人，我们可以通过引导他们想象因咬指甲而导致的手指感染、疼痛或他人对此的负面评价，来触发其内心的不适，进而减少这一行为的发生。另一种衍生方法是橡皮圈疗法，即在手腕上佩戴橡皮圈，每当出现目标不良行为时，我们便将弹击橡皮圈产生的轻微疼痛，作为即时的厌恶刺激，帮助个体意识到并控制自己的行为。

厌恶疗法的有效性在于它能够快速建立一种新的条件反射，使个体学会避免那些会引发不愉快体验的行为，从而促进更健康、更积极的行为选择。然而，这种疗法也需要谨慎使用，因为它可能引起强烈的负面情绪，且并非适用于所有类型的行为问题或所有个体，在实施前，应当由专业人员评估其适用性和潜在风险。

（2）示范疗法

教育者运用示范疗法，旨在通过展现正面的行为模式，促进学习者的模仿和内化，以此达成教育目标。许多不良行为的根源往往在于个体早期缺乏正确的模仿对象，而错误地从不适当的示范者那里习得了行为。鉴于此，提供积极的示范成为纠正和预防不良行为的关键策略。

示范疗法灵活多样，我们可借助不同媒介和情境来实现。首先，教育者自身就是强有力的示范者，他们的言行举止能够直接成为学生模仿的对象。其次，现实生活中的正面人物，无论是历史人物、公众人物还是身边的普通个体，都可以作为学习的榜样，他们的故事和经历能够激励学习者追求更高尚的行为标准。

此外，现代媒体如电视、网络视频、电影及书籍也提供了丰富的示范资源。通过观看这些媒介中展现的正向行为，学习者能够在虚拟场景中学习到应对各种情境的恰当方式。例如，一部展现英雄主义、团队合作或道德勇气的电影，不仅能够娱乐观众，同时也能潜移默化地影响观众的价值观。

角色扮演是另一种有效的示范手段，它允许学习者直接参与和体验特定角色的行为，从而加深理解和记忆。在模拟的情境中，学习者可以安全地尝试和练习新行为，理解不同行为的后果，增强自我效能感，最终将所学应用于日常生活。

总之，示范疗法通过展示良好的行为模式，帮助学习者建立正确的认知框架，促进其行为的正向改变。它强调观察、模仿和实践的重要性，是构建良好行为习惯和社会技能的有效途径。在教育过程中，选择合适的示范对象和情境，能够极大地提高教育的影响力和效果。

3. 行为塑造技能的训练

在行为塑造的过程中，识别并定义目标行为是至关重要的第一步。目标行为指的是那些需要通过系统干预来改变的行为，它们可以是需要消除的负面行为，比如吸烟、过度使用互联网，或是需要培养的正面行为，例如按时完成作业、积极参与课堂讨论。为了确保行为塑造的成功，目标行为必须具备客观性、可观测性和可量化性，避免过于抽象或模糊的概念，如"缺乏动力"或"态度消极"。

在选定目标行为之后，深入分析行为与环境之间的相互作用是必不可少的。这包括识别哪些环境线索触发了问题行为的发生，以及在何种情境下更有可能出现期望的适应性行为。这种分析有助于设计出更加精准的行为干预策略，确保干预措施更具针对性，从而提高干预的有效性。

值得注意的是，在确定某行为是否构成问题行为时，我们需要谨慎判断。有时，一些被家长、教师甚至学生自己视为"问题"的行为，实际上可能是正常的发展阶段表现或是对特定环境的合理反应。在这种情况下，如果我们未经细致评估就急于采取矫正措施，可能会对学生的心理健康和整体发展造成不必要的负面影响。因此，行为矫正前的全面评估和理解至关重要，它能确保任何干预都是基于对学生需求的深刻洞察，并且能够促进其长期成长。

第二节 学生视角下职业院校青年教师教学能力评价

一、青年教师在教学过程中存在的问题

针对非师范专业出身的青年教师在教学中面临的挑战，基于学生视角的研究揭示了几个关键领域需要改进。

首先，语言表达能力是教学成效的重要基石。部分青年教师可能在发音清晰度、语速控制及表达连贯性上存在不足，这直接影响到学生对知识点的理解和吸收。优秀的语言表达不仅限于准确传达信息，还应包含情感的投入和互动的引导，以激发学生的兴趣和热情。

其次，教学方式的多样性是培养学生综合能力的关键。一些青年教师倾向于传统的讲授法，而忽视了启发式、探究式等更为灵活的教学策略。这可能导致学生被动接受知识，不利于批判性思维和创新能力的培养。职业教育尤其强调实践与创新，因此，教师应积极探索多元化的教学手段，鼓励学生主动参与和探索。

再次，信息技术的运用是现代教学不可或缺的一部分。尽管多数青年教师熟悉基本的电子设备操作，但在整合多媒体资源、设计互动性强的课件及利用在线平台方面仍有提升空间。合理利用信息技术，不仅能丰富教学内容，还能提高教学效率，促进个性化学习。

复次，学生评价体系的合理性与公平性也是学生关注的重点。依赖单一的期末考试成绩作为评价标准，忽略了学生在学习过程中的进步与努力。实施形成性评价，关注学生能力的全面发展，建立公正透明的评价机制，对于维护师生相互信任和激发学生潜力至关重要。

最后，课堂互动的质量直接关系到教学效果和学生满意度。一些青年教师可能因经验不足或性格倾向，在课堂上主导过多或参与不足，未能有效促进师生间的交流。建立开放、包容的课堂氛围，鼓励学生提问和分享，这是构建高效学习环境的基础。

青年教师需在上述几个方面不断提升自我，以适应教育发展的新要求，满足学生多样化的学习需求，从而成为学生心中理想的引路人。

二、提高青年教师教学能力的对策

（一）加强语言表达能力的锻炼

青年教师，尤其是那些非师范专业出身的，往往在课堂表现力方面面临挑战，特别是在语言组织和表达上。作为教育的前线，课堂是知识传递与情感交流的舞台，每一句话、每一个动作都承载着深远的意义。对于初次站上讲台的青年教师来说，这个舞台的聚光灯可能会带来不小的压力，尤其是在面对学生期待的目光时。

提升自信心是克服这种紧张感的关键。青年教师可以通过改善外在形象来增强内在自信，选择既专业又舒适的着装，不仅体现了对职业的尊重，也能让学生感受到教师的亲和力。同时，非言语的沟通同样重要，比如自然的微笑、真诚的眼神接触，这些都能拉近师生之间的距离，营造出一种温馨且专注的学习环境。

在语言表达方面，青年教师应注重声音的运用，包括语调的变化、语速的掌控和音量的调节，确保信息传递的清晰与生动。练习是提高表达能力的有效途径，无论是朗读各类文本，还是在空荡的教室里模拟授课，都能帮助教师更好地掌握语言的韵律和节奏，增强表达的感染力。

青年教师应当意识到，语言表达不仅是教学的基本功，更是连接心灵的桥梁。它关乎知识的传播，更关乎情感的共鸣。因此，投入时间与精力打磨这一技能，不仅是对自己职业成长的投资，也是对学生学习体验的负责。通过不断练习和反思，青年教师能够逐渐成长为既能传授知识，又能触动心灵的优秀教育者。

（二）积极探索多种教学方法

青年教师肩负着教育革新的使命，从传统的注入式教学向启发式教学的转变，不仅是教学策略的更新，更是教育理念的升华。启发式教学的核心在于激发学生的主动性和创造性，教师的角色从知识的灌输者转变为学生探索之旅的引路人。正如我国教育先贤叶圣陶先生所倡导的"教是为了不教"，旨在培养学生的独立思考和终身学习能力。

案例教学法，作为启发式教学的重要组成部分，为学生提供了理论与实践结合的平台。它要求青年教师精选案例，这些案例需兼具真实性与吸引力，能引发学生的兴趣和思考。在课堂上，教师应鼓励学生分组讨论，促进思维碰撞，最后综合学生的见解与教学要点，提炼出结论。

发现法，即"发现学习"，鼓励学生在教师的引导下，通过自主探索来获取新知。这种方法要求教师具有高水平的教学设计技巧，能够巧妙构建学习路径，让学生在解决问题的过程中，不仅掌握知识，还能培养批判性思维和创新能力。教师在此过程中担任的是辅助角色，适时给予提示，确保学习方向的正确性，并协助学生整理所得，形成知识体系。

情境教学法，则将抽象的知识置于具体的场景中，让学生在模拟的真实环境中运用和检验所学。这种方法能显著提升学生解决实际问题的能力，使其成为知识的创造者而非简单的接收者。然而，情境教学法的实施也充满变数，考验着教师的课堂管理能力和敏锐的观察力，需要教师能够及时捕捉学生的微妙反应，适时调整教学策略，以确保学习效果的最大化。

总之，青年教师在探索和实践这些启发式教学方法时，不仅能促进学生全面发展，也能在教学相长中不断提升自我，实现教育的真正价值。

（三）将科研与教学有机地统一

随着学生学术层次的提升，他们对教师传授知识的期望也日益强烈，渴望接触到更具深度、广度且贴近学科前沿的教学内容。青年教师，作为学术研究的新鲜血液，不仅拥有扎实的专业知识，还具备锐意进取的科研精神。他们可以巧妙地将个人的研究成果融入日常教学之中，为学生打开一扇通往科学最前线的窗口，让学生在学习中感知知识的动态发展和应用前景。

对低年级学生而言，青年教师可以着重于分享科研领域的最新资讯和趋势，用生动的例子和直观的演示激发学生的好奇心和求知欲，为他们种下探索未知的种子。而对于高年级或研究生阶段的学生，教师则应更侧重于传授研究方法，甚至邀请学生直接参与正在进行的科研项目中，让他们亲身体验从假设构建到实证验证的全过程，从而培养其独立思考和创新实践的能力。

在这一互动过程中，青年教师与学生形成了一个相互滋养的学习共同体。教师不仅能够深入了解每位学生的个性与潜能，还能从学生的视角汲取灵感，碰撞出新的研究思路。这种双向交流不仅丰富了教学内容，也促进了教师自身的专业成长，实现了教与学的深度融合。通过这样的方式，青年教师不仅是在传授知识，更是在引领学生探索学术的无限可能，为他们的未来打下坚实的基础。

（四）合理利用信息技术手段

信息技术的日新月异不仅重塑了教育的形态，更为学习者开辟了前所未有的知识获取途径。慕课与翻转课堂等新型教学模式的兴起，使得学生不再受时空限制，能够自主选择学习材料，按照自己的节奏深入探究。在这一背景下，教师的角色与技能面临转型，尤其是充满活力的青年教师，其凭借对新兴技术的敏锐触觉和快速学习能力，更能顺应数字化时代的潮流，成为推动教育革新的先锋。

为了有效应对这一挑战，青年教师需不断提升自身的信息素养，掌握多媒体技术的应用方法，而不仅仅是依赖传统的 PowerPoint 演示。他们应当积极探索 Microsoft Office 套件中的其他工具，以及其他更先进的教育技术，如在线协作平台、虚拟实验室和交互式白板等，以丰富教学手段，提高课堂互动性和吸引力。

更重要的是，青年教师应充分利用信息时代的特点，倡导并指导学生运用网络资源进行自主学习。这并不意味着减轻教师的负担，反而要求教师更加深入地理解学生的学习现状和心理需求，精心设计教学计划。教师需辨别哪些知识点适合课堂集中讲解，以便深化理解和促进讨论；哪些部分更适合学生在课余时间通过在线资源自主探索，以培养其独立思考和解决问题的能力。

在此过程中，青年教师扮演着关键的引导和支持角色，其不仅要提供精选的高质量在线资源，帮助学生高效筛选信息，避免学生在冗杂的网络海洋中迷失方向，还需适时给予反馈和辅导，确保学生能够将自学所得与课堂学习有机融合，达到最佳的学习效果。如此一来，青年教师不仅传授知识，更塑造了学生终身学习的习惯，为其未来的学术与职业道路奠定了坚实基础。

（五）确立公平、多元化的学生评价体系

在当代教育理念下，青年教师应采用过程性评价机制，旨在全面评估学生的综合能力和成长轨迹。这种评价体系不仅考量学生在期末考试的表现，还注重他们在整个学期中的持续进步与参与度，如小组合作项目、阶段性的自我检测等，这些都能反映学生的真实学习状况和团队协作能力。合理分配各项评价指标的权重，可以确保评价结果既全面又公平，进而激发学生的学习积极性，促进深度学习。

实施过程性评价时，教师需与学生展开对话，共同探讨评价标准，而非单方面予以规定。例如，对于课堂出勤的管理，我们可共同商议适当的奖惩措施，既要能提醒学生重视每一堂课的价值，又不至于因过度严厉而扼杀学习热情。同样，在决定成绩构成时，我们可询问学生对于发言参与、开卷与闭卷考试的偏好，以及如何将这些因素融入总评中，以此平衡个人努力与集体互动。

通过这样的协商过程，青年教师能够构建一种更加民主和透明的教学评价环境，让学生感到被尊重和理解，同时这也便于教师从学生的反馈中洞察教学的盲点与成效，及时调整教学策略，提升教学质量。这种双向沟通的方式有助于营造积极向上的学习氛围，使学生在自我驱动下追求卓越，同时也能增强师生间的信任与合作，共同致力于教育目标的实现。

（六）青年教师要善于进行教学反思

教师的职业成长是一条充满反思与创新的探索之路，其目标宏伟且路径多元。

青年教师应将自我提升视为学术追求与实践智慧的结合，不断在教学实践中深化理解与技能。初登讲台，青年教师或许会遇到来自学生的挑战，尤其是当理论知识与实践经验存在差距时。面对此类情况，谦逊接纳批评至关重要，它不仅是自我完善的第一步，也是与学生建立信任的基石。

有效沟通是教学发展的催化剂。青年教师需倾听学生的声音，理解他们的需求与期待，摒弃传统灌输式的教学模式，转而构建互动式的学习环境。同时，与同行的交流同样不可小觑，无论是同辈的相互启发，还是资深教师的经验分享，都是宝贵的成长资源。通过观摩与讨论，青年教师能汲取精华，规避陷阱，加速个人专业成长。

自我观察与反思是教师成长的关键环节。录制并回放教学过程视频，能使青年教师以旁观者的身份审视自身，捕捉到日常忽略的细节，辨识教学中的盲点与机遇。这种持续的自我反省，促使教师超越模仿，勇于创新，逐步塑造独特的教学风格。唯有如此，青年教师方能在教学艺术的殿堂里，从新手蜕变为大师，实现教学能力的质变与飞跃。这一过程，既是个人智慧的结晶，也是对教育事业的深情献礼。

第三节　组织文化视角下职业院校青年教师发展

一、职业院校青年教师发展概述

在快速变迁的社会经济背景下，职业院校青年教师的成长面临着前所未有的挑战与机遇，核心在于全面提升其教学效能与学术研究层次，涵盖教学技艺的精进、机构效能的优化、专业领域的深耕及个人潜能的释放。这一进程旨在强化青年教师的专业素养、教学技巧、科研贡献与伦理标准，明确了他们发展的方向与内涵。

然而，时代洪流中，形式主义、实用主义与功利心态的泛滥，导致了教育领域内的一系列问题：行政化的管理模式、科研成果的数量导向、评价体系的形式化倾向，这些因素叠加，加剧了青年教师的职业疲惫，加重了心理负担。面对此景，职业院校青年教师的发展之路显得尤为曲折。

破解这一困局的关键，在于构建健康向上的组织文化。作为学校精神、管理哲学与教育宗旨的集中展现，卓越的组织文化能够滋养青年教师的心灵，为其提供归属感、团结力与前行的动力。它不仅塑造了共同的价值观与行为准则，还为教师营造了一种积极进取、开放包容的工作环境，激励他们克服障碍，追求卓越。

因此，职业院校需着力培育一种以人为核心、注重可持续发展的文化氛围，重视青年教师的情感需求与职业愿景，通过有效的激励机制、专业的培训体系与公平的晋升渠道，激发其内在动力，促进其全面发展。如此一来，我们不仅能化解当前的困境，还能为青年教师铺设一条光明的职业道路，推动整个教育体系的革新与进步。

二、理念层面

（一）以人为本的价值理念

构建卓越的组织文化，其精髓在于深刻领悟并尊崇个体的价值，关注其福祉，以及全面认知个人潜力。这是组织文化理论的核心所在，尤其在塑造学校文化时，其至关重要。在这一过程中，倾听多元声音，构建一种民主与平等的决策环境，成为关键要素。这不仅促进了开放交流，还增强了集体凝聚力与创新力。

对于初入职场的青年教师而言，他们常常处于理想与现实的交锋之中，职业生涯与专业路径的不确定性可能引发困惑与挫败感，从而滋生职业疲倦，加之教学任务繁重、科研压力与生活琐事的三重夹击，青年教师很容易感到身心俱疲，难以应对。因此，学校应当立足于青年教师的真实需求，认可并彰显他们的贡献，运用理性和公正的原则来引导其成长。

这意味着创建一种支持性的工作环境，包含灵活的职业发展路径、专业成长的机会及心理健康的支持系统。通过定期的职业规划指导、专业技能培训及建立有效的压力管理和心理辅导机制，我们可以有效缓解青年教师的压力，提升其工作满意度和职业幸福感。此外，建立一种公平透明的评价与奖励体系，确保青年教师的努力与成就得到及时的认可与回报，也是至关重要的。

总之，一种优秀的学校文化应当是温暖而富有生命力的，它能够激发青年教师的潜能，鼓励创新，促进合作，最终实现教师队伍的整体繁荣与学校的持续发展。这样的文化氛围不仅能够帮助青年教师克服初期的挑战，还能培养出一批批既有深厚学识又充满热情的教育者，为学生和社会带来长远的正面影响。

（二）互助协作的思想观念

在社会日益多元化的今天，职业院校肩负着培养未来人才的重要使命，而青年教师正是实现这一目标的关键力量。为了激发他们的潜力，院校应倡导一种互助协作的精神，构建一种鼓励共同学习与成长的环境。这不仅意味着提供多种学习与培训机会，如专业理论研讨、教学技巧分享、岗位技能提升等，更在于搭建互动平台，让青年教师能够在相互启发中精进教学与科研能力。

院校可通过实施系统化的人才培育策略，识别并重点培养具有领导潜质的青年教师，为他们量身定制高级研修项目，助力他们成长为学科领域的领军人物，进而引领整个教师团队向着更高层次迈进。同时，充分利用资深教师的经验与智慧，推行"师徒制"，这样不仅能传承知识与技能，更能展现院校的历史底蕴与文化价值观，加深青年教师对组织的归属感与认同感。

此外，院校应致力于营造温馨和谐的"教工之家"，开展丰富多彩的团建活动，关心青年教师的生活与职业发展，帮助他们平衡工作与生活，解决实际困难，增强团队的向心力与整体的协同效应。在这样一种充满支持与激励的环境中，新教师得以快速融入，不同代际的教师间实现了深度交流，共同提升了教学与研究的质量，为院校的发展注入了源源不断的活力。

通过这些举措，职业院校不仅能够打造一支团结协作、充满创新精神的教师队伍，还能构建一种兼具学术严谨与人文关怀的校园文化，为青年教师提供了一个既能挑战自我又能享受成长的舞台，共同推动教育事业的繁荣与发展。

（三）确立共同愿景

确立共同愿景对于职业院校的组织发展至关重要。这一愿景不仅是教师们共同的愿望，更为青年教师提供了学习和发展的明确目标。职业院校在确立这一愿景时，需要将全校教职工团结在一起，通过共同参与来制定发展规划，确保个人目标与院校目标的一致性，从而形成强大的凝聚力。

重要的是，共同愿景不应仅由高层管理者单方面确定，而应是组织内所有成员个人愿景的汇聚，体现个人愿望与组织发展的协调统一。这样的愿景才能真正融入个人的价值观、思想和行动中。

因此，职业院校的管理者必须重视与青年教师的交流和沟通，根据他们的需求引导他们将个人目标与组织目标相结合，遵循共同的价值观，以实现个人与学校的共同发展。

三、机制层面

管理机制作为管理系统的架构，是衡量管理成效的核心要素，它承载着职业院校办学思想，将抽象的理念转化为具体可操作的实践。为了顺应学校的发展脉络，职业院校应当构建一套多元化机制，确保其战略目标的顺利推进。这种机制的构建不仅是对组织文化中制度的深化与细化，更是通过持续的制度革新，为青年教师的成长铺设道路，激发其潜能，促进其在教学与科研上持续进步。

通过精心设计的管理机制，职业院校能有效整合资源，优化资源配置，形成有利于教师发展的生态环境。这包括但不限于绩效评估体系的完善，激励机制的创新，以及专业发展路径的规划等，旨在为青年教师提供广阔的成长空间与公平的竞争平台。同时，机制的灵活性与适应性确保了院校能在快速变化的教育环境中保持竞争力，为青年教师创造更多参与决策、展现才华的机会，进而增强其对学校的归属感与使命感。

管理机制的优化是职业院校提升教学质量、强化师资力量的关键所在。它不仅是制度文化的体现，更是驱动青年教师个人成长与学校整体发展的引擎，通过不断调整与完善，实现教育理念与实践成果的双重飞跃。

（一）完善青年教师评价机制

职业院校对青年教师的评价往往依赖于量化考核，如教学工作量、科研任务量和学生评分等，这种功利主义倾向忽视了教师和学生的实际感受。这种单一的评价方式可能导致教学评价变得形式化，科研指标过高，进而使青年教师感到职业倦怠。

为了解决这一问题，建立和完善发展性教师评价机制显得尤为重要。这种评价机制，也被称为"专业发展模式"，是一种注重过程、面向未来的评价方式。它强调在民主的氛围中帮助青年教师认识到自身的优势和不足，并根据评价结果指导他们制定个性化的发展规划。

这种评价机制不仅尊重教师在评价过程中的主体地位，还尊重教师的个性差异。在评价过程中，我们应实现评价内容和评价主体的多元化，以促进教师的全面发展。通过这种方式，我们可以更全面地评价教师的工作，激发青年教师的潜力，提高他们的工作积极性和满意度。

（二）建立健全青年教师激励机制

当前许多职业院校在青年教师管理中过于强调规范化，而忽视了激发他们的内在动机。在激励机制上，学校往往过分依赖外在激励和短期激励，这导致了个人目标与组织目标之间的不一致，同时也无法满足青年教师全面发展的需求。

激励机制的核心在于满足人的发展需求。在职业院校的实践中，激励方式应该是多样化的，不同的组织可以采取不同的激励策略。然而，无论采取何种激励方式，我们都应同时考虑外在激励和内在激励，确保它们能够满足青年教师的实际需求。

这意味着，激励机制不仅要关注教师的物质奖励，还要关注他们的成长和发展，以及他们对工作的满足感和成就感。通过这样的激励方式，我们可以更好地激发青年教师的积极性，促进他们的专业成长，同时这也有助于达到组织目标与个人目标的一致性。

（三）建立合理的人才培养机制

职业院校普遍存在重视人才引进而忽视人才培养的现象。为了提升学校的学术水平和社会影响力，以及激发教师的工作热情，许多院校建立了人才竞争机制，特别强调吸引具有高职称和高学历的人才。然而，这种做法可能会忽略对现有青年教师的培养，未能充分挖掘他们的潜力，从而可能导致教师心理失衡，甚至引发优秀人才的流失。

为了促进青年教师的成长和发展，职业院校必须制订详细的培养计划，并加强学术团队建设。这包括不断完善青年教师的引进和培养机制，优化管理和服务，形成有效的人才培养体系。通过这样的机制，我们可以促进青年教师在专业技能、教学能力、组织协作和个人发展等多方面的成长，从而为学校的长远发展奠定坚实的基础。

（四）创设青年教师文化管理机制

职业院校在管理青年教师时，常常采用单一的行政管理模式，这使得行政人员成为学校管理的核心，行政权力占据主导地位。教授兼职行政岗位的现象普遍存在，这种管理方式过于规范化和强制化，可能会限制青年教师的个性发展和自由，进而影响他们的教学和科研工作的积极性、主动性和创造性。

为了改善这一状况，职业院校需要转变管理理念，引入文化管理。文化管理是管理理论和实践发展的新阶段，它将文化要素作为管理的核心，强调人的主体地位，是现代管理方式在组织文化中的体现。为此，学校应完善民主决策机制，建立青年教师的心理契约，通过管理机制的创新来规范和引导青年教师的发展。这样的管理方式不仅能够促进青年教师的个人成长，还能增强他们对学校的归属感和忠诚度，从而推动学校的整体发展。

（五）完善青年教师教学保障机制

职业院校的青年教师通常拥有较高的学历和较强的科研能力，但在教育教学方面可能缺乏系统的知识和技能培训，这使得他们在教学初期难以胜任教学任务。一些承担基础教学任务的学院要求青年教师一上岗就承担多门课程，这进一步影响了教学质量。

此外，"重科研、轻教学"的倾向导致教学在专业技术职务晋升和聘任中的体现度不高，这与教师的长期努力和付出不成正比，难以有效激发教师的教学积极性。因此，教师对教学成果和教学研究的关注度可能不高。

为了解决这些问题，我们需要进一步调整职称政策，完善教学奖励机制，以促进教学创新团队的形成。同时，建立和完善青年教师的教学保障机制，确保他们能够在教学中获得必要的支持和资源。通过这些措施，我们可以提高教师的教学积极性，促进教学质量的提升，同时这也有助于青年教师的专业成长和发展。

参考文献

［1］尹玉辉．职业院校教师工作生活质量研究［M］．北京：知识产权出版社，2023.

［2］廖良，张月，周娟．数字时代职业院校教师职业素养提升研究［M］．沈阳：辽宁科学技术出版社，2023.

［3］顾春华，焦雪勐．职业院校师德师风教育与建设研究［M］．北京：文化发展出版社，2023.

［4］王永钊，程扬．职业院校专创融合教育探索与实践［M］．北京：中国商务出版社，2023.

［5］张海军．职业教育适应性视域下学生创新创业能力培养［M］．武汉：华中科技大学出版社，2023.

［6］张士平．职业院校管理创新实践研究［M］．长春：吉林人民出版社，2022.

［7］方莹，于尔东，陈晶璞．职业院校"双师型"教师培养研究［M］．秦皇岛：燕山大学出版社，2022.

［8］许曙青，汪蕾．职业院校安全应急教育与专业创新发展的理论与实践［M］．南京：东南大学出版社，2022.

［9］耿洁．职业院校互联网学习生态建设的实践与研究［M］．天津：天津人民出版社，2022.

［10］郑小飞．职业院校专业群个性化人才培养模式创新与实践［M］．北京：中国纺织出版社，2022.

［11］汪维刚．教学团队建设与优秀教师培养研究［M］．武汉：华中科学技术大学出版社，2022.

［12］吕爱晶，贺学耘，周险峰．教师职业技能训练数字化精品教程英语课程与教学概论［M］．武汉：华中科技大学出版社，2022.

［13］曾全胜．职业院校"工匠型"教师培育导论［M］．长沙：中南大学出版社，2022.

［14］高山艳．职业院校教师专业能力结构与培养［M］．北京：北京师范大学出版社，2022.

［15］王琴．职业院校师资队伍建设研究［M］．郑州：河南人民出版社，2021.

［16］詹黔江，谢海青．职业院校学生素质教育基础教程［M］．成都：西南交通大学出版社，2021.

［17］张华，李宏策，肖利平．职业院校"创客"型教师工坊式培养研究［M］．长春：吉林人民出版社，2021.

［18］李国杰，周红莉，郑莹．职业教育教师专业发展国际比较与模式构建［M］．广州：中山大学出版社，2021．

［19］舒底清，江波．职业院校教师教学能力提升教学有道［M］．长沙：湖南科学技术出版社，2021．

［20］王江青，胡小桃．职业院校教师教学能力提升教学有方［M］．长沙：湖南科学技术出版社，2021．

［21］梁平．职业院校创新创业教育研究分析［M］．天津：天津大学出版社，2020．

［22］王云凤．职业院校网络学习空间建设与应用［M］．北京：北京理工大学出版社，2020．

［23］高忠明，闫志利．职业院校教师企业实践制度及运行机制研究［M］．秦皇岛：燕山大学出版社，2020．

［24］肖黎明．新时代教师专业发展［M］．南昌：江西高校出版社，2020．

［25］卢虹．应用型教师发展研究［M］．上海：同济大学出版社，2020．

［26］张骏等．大数据时代职业教育教师数据智慧发展研究［M］．北京：旅游教育出版社，2020．

［27］宋世杰．职业院校教师队伍发展研究［M］．长春：吉林人民出版社，2019．

［28］王晞．新时代职业教育教师队伍专业化建设与发展［M］．北京：北京理工大学出版社，2019．

［29］杨爽．高等职业院校教师制度与青年教师职业发展研究［M］．北京：光明日报出版社，2019．

［30］王琪，任君庆．高职院校教师专业发展研究［M］．杭州：浙江大学出版社，2019．